AF638115

KRAFT-TIERE

Wie sie dich begleiten, schützen und stärken

Vivida® is a registered trademark property of White Star s.r.l.

© 2023 White Star s.r.l.
Piazzale Luigi Cadorna, 6
20123 Milan, Italy
www.whitestar.it

Titel der Originalausgabe: *Healing Animals. Lupi, Volpi, Civette e altri Archetipi Selvaggi che curano la nostra Psiche.*
Erschienen bei Vivida®, einem Imprint von White Start s.r.l.
Copyright Text © Federica Zizzari Kikosmica 2023
Copyright Illustrationen © Giada Ungredda 2023
Publisher: Balthazar Pagani
Graphic Design und Layout: Due mani non bastano

Deutsche Erstausgabe
Copyright © 2023 von dem Knesebeck GmbH & Co. Verlag KG, München
Ein Unternehmen der Média-Participations

Projektleitung: Pia Clemente, Knesebeck Verlag
Übersetzung: Ulrike Brandhorst, Egelsbach
Lektorat: Wiebke Helmchen, Frankfurt am Main
Umschlagadaption: Fabian Arnet, Knesebeck Verlag
Satz: Gunnar Musan, Neumünster
Korrektorat: Asta Machat, München
Druck: Heshan Astros Printing Ltd.
Printed in China

ISBN 978-3-95728-782-3

Alle Rechte vorbehalten, auch auszugsweise.

www.knesebeck-verlag.de

Federica Zizzari Kikosmica

KRAFT-TIERE

Wie sie dich begleiten, schützen und stärken

Mit Illustrationen von Giada Ungredda

Aus dem Italienischen von Ulrike Brandhorst

KNESEBECK

KRAFT-TIERE

GESCHÖPFE DER LUFT

GESCHÖPFE DER ERDE

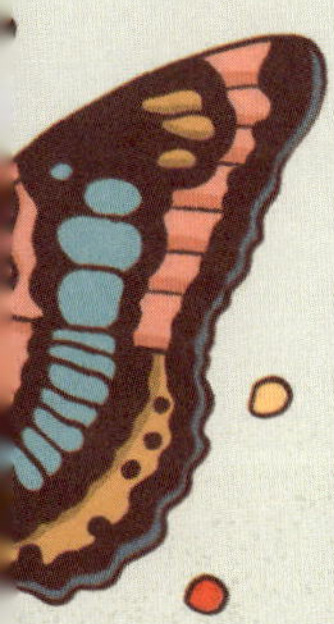

GESCHÖPFE DES WASSERS

GESCHÖPFE DER FANTASIE

Als Erdgeborene bestehen wir Menschen aus zwei Wesen, die untrennbar miteinander verbunden sind: Das eine ist animalischer Natur und drückt sich in unserem Körper aus, das andere Wesen, das göttliche, finden wir in unserer Seele. Die Tiere, die wir in diesem Buch kennenlernen, repräsentieren mit ihren typischen Eigenschaften – die ich gerne als Medizin bezeichne – die inneren Kraftquellen, zu denen wir Zugang haben. Jedes Tier trägt seine ganz einzigartige Medizin in sich, aus der wir Energie schöpfen können, indem wir unsere entsprechenden inneren Kraftquellen anzapfen, um den Alltag zu bestehen. Krafttiere sind wertvoll, denn sie ermöglichen uns, ihre Eigenschaften in uns selbst wiederzuerkennen, sie anzunehmen, zu lieben und in unser Leben zu integrieren. Wenn wir erkennen, welche Medizin sie für uns bereithalten, können wir diese im richtigen Moment nutzen, um gemeinsam mit der Kraft eines Verbündeten durchs Leben zu tanzen. Krafttiere sind Begleiter, die uns stärken und durch die Entwicklungen führen, die wir durchlaufen. Jeder von uns hat mindestens ein Krafttier, das ihn auf seinem Erdenweg begleitet, einen wertvollen Führer, der uns zur Seite steht und als Geisttier oder Totemtier bezeichnet wird. Manche Krafttiere begleiten uns ein Leben lang, manche nur für kurze Zeit. Es sind magische Geschöpfe, die uns ihren energetischen Fluss zur Verfügung stellen, damit wir daraus schöpfen und unsere eigenen Energiequellen erkennen können. Seit jeher bevölkern diese Wesen des Lichts und der Dunkelheit unsere Märchen, Fabeln, Mythen und Legenden. Seit jeher lösen sie in uns Gefühle aus – seien es Angst oder Liebe. Sie sind Teil unserer Wirklichkeit und unserer Seele und auf unserem Lebensweg lernen wir, sie zu lieben und darüber zu staunen, wie jedes von ihnen ein Teil unseres Selbst ist.

GESCHÖPFE DER LUFT

Die Geschöpfe der Luft begleiten uns mit ihrer Leichtigkeit. Sie verschaffen uns innere Freiräume und neue Sichtweisen. Sie ermöglichen es uns, alles von oben zu betrachten und unseren Blick zu weiten und zu öffnen. Sie bringen uns unserer körperlosen Seele näher, die nicht an die Erde gebunden ist. Wir brauchen sie, damit wir nicht vergessen, dass wir anders sein können. Indem sie uns an unsere geistigen Fähigkeiten erinnern, zeigen sie uns, dass wir nicht auf unsere physischen Möglichkeiten beschränkt sind.

DER RABE
Hüter der Magie

Der nachtschwarze Rabe ist ein weitsichtiges, prophetisches und visionäres Wesen. Er ist ein Bote der Leere, des Urschoßes, dem wir alle entstammen und von dem wir hoffen, dass er uns Heilung bringt, wenn wir in ihn zurückkehren. Seit jeher wird der aasfressende Rabe mit dem Tod assoziiert. Der furchteinflößende Vogel leitet Veränderungen ein, sein Krächzen ertönt an den Übergängen im Kreislauf von Tod und Wiedergeburt. Das Tier mit dem rußschwarzen Gefieder schenkt uns eine mächtige Medizin. Es ist kein Zufall, dass der Rabe zahlreichen Gottheiten zugeordnet wird. Denken wir nur an Odins Raben Munin (Erinnerung) und Hugin (Gedanke), die jeden Morgen in gegensätzliche Richtungen davonfliegen und abends zu dem Gott zurückkehren, um ihm über die Geheimnisse der Welt zu berichten.

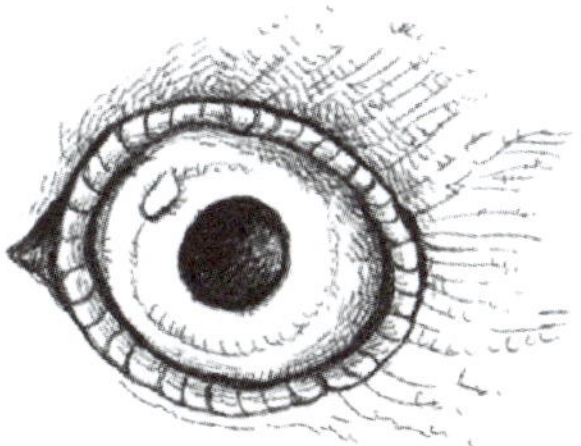

Ehre Mutter Erde und alles Lebende, wahre und ehre die göttliche Magie in dir.

Wie das Unbekannte, das Mysteriöse und der Tod, so kann uns auch der Rabe Furcht einflößen, ist er doch Symbol einer Dunkelheit, die wir in uns selbst verleugnen und nach außen projizieren. Doch er lädt uns ein, diese Dunkelheit zu betreten, denn nur dort lernen wir, Erleuchtung zu finden und die notwendigen Schritte hin zu unserem inneren Erwachen zu unternehmen. Wir müssen unsere Angst vor Dunkelheit und Schatten überwinden und diese als Teil von uns anerkennen, um die Schätze zu finden, die sich darin verbergen.

Der Rabe lehrt uns, mit Respekt, Liebe und Demut die reine Quelle der Schöpfungskraft zu nutzen. Er hilft uns, unsere Tiefen auszuloten und den Fluss der Energie in uns zu leiten. Er lässt uns die Magie, die in uns wohnt, erkennen, erlernen und nutzen und zeigt uns, dass wir alle dazu fähig sind, Magie zu wirken.

ZUM NACHDENKEN

- ~ Fürchtest du deine eigene Fähigkeit, Magie zu wirken?
- ~ Erforschst und erlernst du deine Magie – oder verleugnest du sie?
- ~ Kannst du das Mysteriöse als göttliches Geschenk annehmen und es für dein Wachstum nutzen, oder beschränkst du seine Kraft, indem du versuchst, es zu analysieren?
- ~ Würdigst du deine Fähigkeit, Magie zu wirken?
- ~ Nutzt du deine Energie, um andere zu segnen oder um sie zu verfluchen?

DAS ROTKEHLCHEN

Freund und Trostspender

Dieser muntere, freundliche Vogel verbindet uns mit unserer kindlichen Unschuld und der Gewissheit, dass uns eine höhere Macht behütet. In der Winterzeit weckt er mit seiner zarten Gestalt und seinem melodiösen Gesang in uns ein Gefühl der Freude und Nähe. Er bringt uns Hoffnung und Zuversicht, wenn grauer Himmel und kalter Wind die lebhaften Farben der warmen Jahreszeiten verdrängen und unsere Seelen trist werden lassen. Dieser kleine, kämpferische Vogel taucht dann ganz unerwartet vor unseren Fenstern auf und schenkt uns einfach nur durch seine Anwesenheit Freude und Leichtigkeit. Im Herbst kündigt er den Übergang zum Winter und die magische Wiederkehr des Schnees an. Sein farbenfrohes Federkleid ermutigt uns und lässt uns Wärme und Zuversicht spüren. Das Rotkehlchen ist Sinnbild für Glück, Güte und Mitgefühl, aber auch für Erneuerung und Wiedergeburt. Einer Legende nach hielt es das Feuer im Stall von Bethlehem, in dem die heilige Familie Unterschlupf gefunden hatte, mit dem Schlagen seiner kleinen Flügel am Brennen. Als Belohnung für seine Ausdauer und seinen guten Willen sollen sich dann am nächsten Morgen seine grauen Federn orangerot gefärbt haben. Es ist kein Zufall, dass das Rotkehlchen mit Weihnachten assoziiert wird – mit Festtagsstimmung, Nähe und Teilen. Der kleine Vogel bringt uns die Medizin des Trostes und erinnert uns daran, wie wichtig es ist, zu trösten und uns trösten zu lassen. Er lädt uns dazu ein, Mitgefühl mit anderen zu empfinden, und lehrt uns, dass Akte der Nächstenliebe vom Leben belohnt werden.

Du kannst aufatmen, wenn du mich siehst. Deine Bitten wurden erhört.

ZUM NACHDENKEN

- Kannst du Lebensfreude spüren, einfach nur, weil du am Leben bist?
- Verspürst du Mitgefühl, wenn du jemanden in Schwierigkeiten siehst, oder bleibst du davon unberührt?
- Kannst du aufrichtig Trost spenden? Und lässt du dich trösten?
- Glaubst du, dass sich immer, wenn sich ein Kreis schließt, ein neuer auftut?

DER ADLER

Manifestation des Geistes

Schon immer wurde der Adler mit geistiger Kraft in Verbindung gebracht. Er ermutigt uns, die Flügel auszubreiten, in die Höhen über den Gipfeln der Welt aufzusteigen und die Großartigkeit des Geistes zu erkennen. Er ist eines der beliebtesten Totemtiere und symbolisiert als Herrscher der Lüfte unsere Fähigkeit, auf der Erde mit unserem geistigen Ich in Verbindung zu bleiben. Der Adler steht für Freiheit, Anmut, Öffnung und Erweiterung – Eigenschaften, die wir erlangen, indem wir uns tiefgehend um inneres Wachstum bemühen. Krieger und Kriegsführer schmückten sich mit

Erweitere deine Sicht, dann wirst du die Großartigkeit der universellen Ordnung erkennen.

Adlerfedern, und Schamanen nutzen sie bis heute zur energetischen Heilung und zur Reinigung unserer feinstofflichen Körper, da sie die Lebenskraft, die in jedem von uns wirkt, repräsentieren. Den indigenen Völkern Amerikas galt der Adler als Symbol für die Anwesenheit des Großen Geistes, daher verehrten sie ihn. Die majestätischen Vögel erzählen uns von den Höhen, in die wir uns aufschwingen müssen, um eine klare und umfassende Sicht auf die Dinge zu erlangen. Adler nisten hoch in den Bergen in kristallklarer Luft. Sie zeigen uns, wie wichtig es ist, unsere Vorhaben in einer Umgebung umzusetzen, die dafür geeignet ist. Wie kann etwas Neues entstehen, wenn nicht ausreichend Platz und eine angemessene Umgebung vorhanden sind? In der griechischen Mythologie wird der Adler mit Zeus assoziiert, der sich den Menschen oft in Gestalt eines Adlers zeigte. Der Adler, von dem es heißt, er könne in die Sonne blicken, gilt im Christentum als Sinnbild für die Auferstehung und symbolisiert den Evangelisten Johannes – einen der vier Evangelisten, die allesamt von besonders starken Tieren repräsentiert werden.

ZUM NACHDENKEN

- Erkennst du das Göttliche in dir?
- Bist du mit deiner spirituellen Kraft verbunden?
- Lebst du an einem Ort, der für neue Vorhaben geeignet ist?
- Kannst du dein Licht und das Licht der anderen empfangen?
- Erlaubst du es dir hin und wieder, alles von oben zu betrachten, um dein Verständnis zu erweitern?

DIE MÖWE

Sorgenfrei fliegen

Dieser große Meeresvogel hat sich auch an das Leben an Stadtflüssen und anderen Gewässern im Binnenland angepasst. Die Medizin, die er uns bringt, ist die Sorgenfreiheit, und er zeigt uns auch, wie wir diese erlangen. Der unbeholfene, aber gleichzeitig heitere und unbeschwerte Flug der Möwe erinnert uns daran, dass wir die Freiheit eines sorglosen Lebens genießen können, wenn wir uns nicht mit zu hohen Erwartungen unter Druck setzen und lernen, mit dem auszukommen, was das Leben uns schenkt. Wenn der Fischfang einmal erfolglos verläuft, findet die Möwe stets ein Fischerboot, auf dem sie landen und sich satt essen kann. Wenn das Meer einmal nichts zu essen bietet, dann gibt es immer noch die Nahrungsreste, die andere weggeworfen haben. Die Möwe zeigt uns, dass wir Sorgenfreiheit erreichen, indem wir uns anpassen und flexibel bleiben. Sie lehrt uns, starre Vorstellungen und Überzeugungen, die uns die Wirklichkeit nur von einer Warte aus betrachten lassen, über Bord zu werfen. Sie lädt uns dazu ein, offen für Abenteuer und Unbekanntes zu sein und dabei darauf zu vertrauen, dass wir etwas finden werden, das uns weiterhilft. Vielleicht nicht das, was wir zu finden gehofft hatten, aber das, was wir brauchen. Wir müssen jedoch aufpassen, dass wir Sorgenfreiheit nicht mit Gleichgültigkeit oder Nachlässigkeit verwechseln.

Vertraue dem Leben. Entfliehe dem Käfig starrer Gedankenmuster und erlaube es dir, frei zu sein.

ZUM NACHDENKEN

- Bist du bereit, sorgenfrei zu leben, oder hast du das Bedürfnis, immer alles unter Kontrolle zu haben?
- Kannst du dich an unerwartete Situationen anpassen?
- Ist deine Einstellung zum Leben von Vertrauen geprägt, oder denkst du, du müsstest dich um alles selbst kümmern?

DER KAUZ

Klare Sicht

Der Kauz fliegt nachts im Mondschein und wird mit der Großen Mutter assoziiert. Wie alles Ungezähmte und Wilde besitzt er die Fähigkeit, zu erschaffen und zu zerstören. Weil der Kauz ein Tier der Dunkelheit und der Nacht ist, trägt er eine Doppelbedeutung in sich: Durch seine scharfen Augen schenkt er uns die Weisheit und das Wissen desjenigen, der die Gesetze der Welt und ihrer Geschöpfe tiefgehend begriffen hat. Gleichzeitig ist der Kauz Sinnbild des Todes und wird daher oft auf Grabmälern dargestellt. Der Kauz kann klar erkennen, was sich im Dunkeln versteckt. Er fürchtet sich nicht vor dem, was im Verborgenen liegt oder unsichtbar ist. Sein Wissen beruht auf Rationalität, sein Geist ist scharf, präsent, aufmerksam und vergisst nichts. Der Kauz war der Athene geheiligt, der Göttin der Strategie, der Philosophie und des Wissens. Aus diesem Grund lautet der wissenschaftliche Name des Steinkauzes auch Athene noctua. Athene wurde oft auch der altgriechische Begriff »glaukopis« zugeschrieben, der so viel wie »mit hellem, funkelndem Blick« bedeutet und sich auf die Augen des Kauzes bezieht. Der Kauz lenkt unsere Aufmerksamkeit auf das im Dunkeln versteckte Licht, damit wir entdecken, was verborgen ist. Es fordert uns auf, nicht in der Unentschlossenheit zu verharren, die aus einem unaufmerksamen und nicht fokussierten Blick resultiert.

Durchdringe die Dunkelheit und entdecke das darin verborgene Licht.

ZUM NACHDENKEN

- **Verwirrt und ängstigt dich die Dunkelheit?**
- **Greifst du auf Rationalität und Geistesschärfe zurück, wenn die Sicht auf die Dinge trübe ist?**

DIE EULE

Kraft der Intuition

Wie das Käuzchen ist auch die Eule ein Nachttier par excellence. Ihre Fähigkeit, sich ungesehen fortzubewegen, wird mit Hexen und Zauberern assoziiert. In Märchen und Filmen über Zauberei ist sie oft der weise Helfer und Ratgeber. Im religiösen Volksglauben gilt sie im negativen Sinne als ein Tier, dessen Gestalt Hexen und Zauberer (oder deren Verbündete, niedere und bösartige Dämonen) annehmen können. Aus diesem Grund gilt sie auch als Unheilbringer. Tagsüber tarnt sie sich perfekt, indem sie mit ihrer Umgebung verschmilzt. Nachts gleitet sie lautlos im Dunkeln durch die Lüfte und hört auch noch das leiseste Geräusch. Die Eule ist weise. Ihre wohlgehütete Medizin finden wir auch in unserer Seele – wir müssen nur ihre Kraft, die Kraft der Intuition, in uns entfesseln. Wenn wir der Eule folgen, die am Himmel unserer Seele fliegt, müssen wir nicht forschen oder Beweise suchen, wir sehen

die Wahrheit klar und unverhüllt vor unseren Augen. Mit ihrem Blick können wir den Kern der Ereignisse und Situationen erkennen. Nichts und niemand kann uns täuschen. Wenn die Eule dein Geisttier ist, wirst du von der Intuition geleitet. Vertraue dieser Intuition und gib ihr immer mehr Raum.

Ich öffne mich der Intuition,
und alles wird klar.
Unter unzähligen Türen
wähle ich mit ruhigem Geist
die richtige.

ZUM NACHDENKEN

- Vertraust du deiner Intuition? Falls nicht: Welche Wunden deiner Seele sind noch nicht verheilt?
- Wie stehst du zu der dir angeborenen Fähigkeit, die Wahrheit zu erspüren, die den Ereignissen um dich herum innewohnt?
- Stellt die Nacht als Symbol des Unbekannten für dich eine Bedrohung oder eine Chance dar?

DER FALKE
Überbringer von Nachrichten aus dem Jenseits

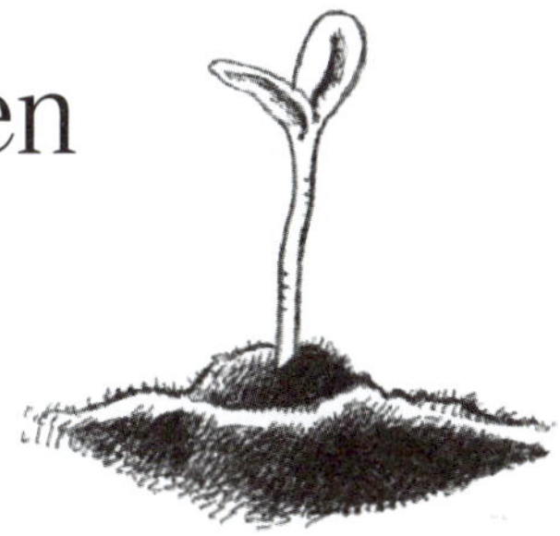

Wenn unsere Gefühle uns derart überwältigen, dass wir unser seelisches Gleichgewicht und unsere innere Ruhe verlieren, verschafft uns der Falke Erleuchtung und Einsicht. Er überbringt uns Nachrichten aus dem Jenseits, Botschaften unserer weisen Vorfahren, die auf eine riesige Sammlung an Wissen und Erfahrung zurückgreifen können. Wenn wir ihn sehen, müssen wir innehalten, uns emotional von dem Geschehen um uns herum distanzieren und den Ratschlägen lauschen, die unsere Vorfahren uns aus den Tiefen der Erde und den Höhen des Sternenhimmels senden. Der Falke gilt als Wanderer zwischen den Welten und als Symbol kosmischer und spiritueller Macht. Er wird mit zahlreichen Gottheiten in Verbindung gebracht: Hermes, Horus, Apollon, Odin, Freya und anderen. Als Simurgh verteilt er die Samen des Lebensbaums auf der Erde, und als Gayatri hat er der Welt den Unsterblichkeitstrank Soma gebracht. Der ägyptische Gott Horus, der die Elemente beherrscht und mit der Schöpferkraft der Sonne assoziiert wird, wurde mit Falkenkopf dargestellt. Der Falke erinnert uns an die Macht und die Kraft unseres Geistes. Er fordert uns dazu auf, Anerkennung und Aufmerksamkeit nicht außerhalb unseres Selbst zu suchen, sondern in unserem Inneren, sodass wir dies dann nach außen tragen können. Wenn ein Falke deinen Weg kreuzt, fordert er dich zu Integrität und Selbstfürsorge auf – und dazu, den eigenen Wert und die eigenen Verdienste zu erkennen.

Hast du vielleicht vergessen, wer du bist? Der laute Ruf des Falken bringt dir Erleuchtung.

ZUM NACHDENKEN

- ~ Gibt es Dinge, in die du dich unbewusst so sehr hineinsteigerst, dass du den Bezug zur Realität verlierst?
- ~ Reagierst du aufmerksam und bewusst darauf, was das Leben dir schenkt?
- ~ Würdigst du die Weisheit deiner Vorfahren?
- ~ Schenkst du der Weisheit deines Geistes Gehör?

DIE SCHWALBE

Herrin der Wiedergeburt

Mit ihrem leichten, freien und eleganten Flug kündigt die Schwalbe die Rückkehr des Frühlings an. Interessant ist, dass sie dabei einen einfachen schwarzen Mantel trägt und sich nicht mit schillernden Farben schmückt. Schwarz steht für Autorität, Macht und Fokus. Die Schwalbe ist wie ein Dirigent, der die Natur dazu auffordert, in ihrer ganzen Fülle zu erklingen und all ihre Lieder und Verse, jede einzelne Note von Geburt und Wiedergeburt ertönen zu lassen. Sie ist eine Hüterin des Übergangs – nicht des Übergangs vom Licht ins Dunkel, sondern vielmehr vom Nest hinaus in die Welt, vom Mutterschoß hinaus ins Leben. Und auch wenn Rücken und Flügel schwarz sind – ihr Brustgefieder ist hell und rotblau gemustert. Wenn die ersten Schwalben am Himmel auftauchen, öffnet sich das Herz. Sie zaubern uns ein Lächeln ins Gesicht und erhellen unseren Blick mit Freude: Jetzt beginnt die Sonne wieder, uns zu wärmen, die Blütenknospen öffnen sich und verbreiten ihren Duft, die Mandelbäume strahlen rosa, und überall sprießt frisches Frühlingsgrün. Wenn die Schwalben zurückkehren, erwacht die Natur zu neuem Leben, und ein neuer Kreislauf des Werdens und Vergehens beginnt. Im Christentum ist die Schwalbe Sinnbild für Christi Auferstehung an Ostern. Einer armenischen Legende nach waren es die Schwalben, die der Welt dieses Wunder verkündeten. Auch mit Isis werden die Schwalben in Verbindung gebracht: Sie soll die Vögel damit beauftragt haben, die Rückkehr ihres Gatten Osiris aus dem Jenseits zu verkünden. Den Seeleuten gilt die Schwalbe als Zeichen, dass Festland – und damit die Hoffnung auf Heimkehr – in der Nähe liegt. Besonders unter englischen Matrosen war es verbreitet, sich ein Schwalbentattoo stechen zu lassen, wenn man zum ersten Mal den Äquator überquert hatte.

Alles, was stirbt, kann wiedergeboren werden. Wenn ich mir dieses Wissen zu eigen mache, öffne ich mich der Freude.

ZUM NACHDENKEN

- Vertraust du darauf, dass auf jeden Winter ein Frühling folgt?
- Erlaubst du es dir, eine Seelenreise in sonnige, gastfreundliche Gefilde zu unternehmen, wenn dein Umfeld dir nicht wohltut?
- Teilst du mit deiner Wahlfamilie die Freude jeder deiner Wiedergeburten?

DIE TAUBE

Friedenspriesterin

Mit ihrem weißen Gefieder, das dem Zeremoniengewand einer Priesterin gleicht, verkörpert die Taube Reinheit, Rechtschaffenheit, Integrität und Frieden. In phönizischer Sprache bedeutet Taube tatsächlich »Priesterin«, und es ranken sich zahlreiche Mythen um diesen göttlichen Vogel: So soll die Taube die Fähigkeit besitzen, Orakel und Prophezeiungen zu verkünden und göttliche Botschaften zu übermitteln. Über die Jahrtausende hinweg wurde sie mit den Sibyllen, antike Seherinnen, mit der Göttin Venus und der heiligen Maria Magdalena in Verbindung gebracht. Außerdem war sie das einzige Tier, das sich

Ich vertraue mich der Priesterin an, die in mir lebt, und bitte sie um Führung, bis ich mir jeden Moment meiner Göttlichkeit bewusst bin.

dem Orakel von Delphi nähern durfte. Im Christentum gilt sie als Symbol des Glaubens, der himmlischen Liebe sowie des Heiligen Geistes und dessen Freude – und es war auch eine Taube, die mit einem Ölbaumzweig im Schnabel zur Arche Noah zurückkehrte und so die Botschaft brachte, dass ein Teil des Landes von der Flut befreit war. Sie gilt als Vorbotin des Friedens und erinnert uns daran, dass wir göttliche Wesen sind. Die Taube lädt uns dazu ein, uns mit der Reinheit und Unschuld unseres Herzens zu verbinden. Sie fordert uns dazu auf, die Priesterin oder den Priester in uns zu wecken sowie rechtschaffen, integer und in vollem Einklang mit der göttlichen Gnade zu handeln. Sie spornt uns an, als Verbindungsglied zwischen Himmel und Erde zu wirken, deren Wirklichkeiten in uns zu vereinen und so Frieden zu finden. Sie ist uns ein Vorbild, genau zuzuhören, unsere Aufgabe als verkörperte Seelen wahrzunehmen und die Wahrheit auf der Erde zu verkünden.

ZUM NACHDENKEN

- Fühlst du dich als Verbindungsglied zwischen Himmel und Erde?
- Bist du in Kontakt mit deiner Integrität, deiner Unschuld und deinem inneren Frieden, die du immer in dir trägst?
- Erkennst du dich selbst als göttliches Wesen?
- Hast du den Archetypus des Priesters oder der Priesterin in dir erweckt?

DER KOLIBRI

Lebensfreude

Es gibt nichts Schöneres, als sich lebendig zu fühlen und ganz präsent das Geschenk des Lebens zu genießen.

Dieser kleine, strahlend bunte Vogel kann sogar im Stand fliegen. Er zeigt uns, wie viel Schönheit und Freude uns erfüllt, wenn wir ganz im Moment leben. Für ihn gibt es kein Gestern und kein Morgen, sondern nur eine ewige Gegenwart – und aus diesem Bewusstsein heraus strömt seine Medizin. Der Kolibri ernährt sich von dem nach Obst schwingungsreichsten Nahrungsmittel, dem Blütennektar, und stärkt so seine Lebensfreude, denn unsere Nahrung hat Einfluss auf den Zustand unserer Seele. Das ist das Geheimnis, das der Kolibri uns enthüllt. Er liebt, verehrt und umschwärmt die Schönheit, und indem er ihre Schwingungen verbreitet, trägt er sie in die Welt. Er lädt uns dazu ein, unser Herz weit zu öffnen und unser Leben in Dankbarkeit zu leben, denn es ist ein Geschenk. Es ist keine Selbstverständlichkeit, dass wir hier als Menschen Erfahrungen sammeln dürfen, sondern eine Gunst. Wenn wir das erkennen, öffnen wir uns dem Wunder, das jede Schöpfung im Universum darstellt. Der Kolibri zeigt uns, wie wir an der göttlichen Fülle hier auf Erden teilhaben können, und lehrt uns, die unserem natürlichen Geist innewohnende Freiheit wertzuschätzen: Wenn er in einen Käfig gesperrt wird, stirbt er umgehend – genauso wie auch unsere Lebensfreude erlischt, wenn wir uns gefangen und eingeengt fühlen oder denken, wir seien verpflichtet, etwas zu tun oder zu sein, das nicht mit unserem Herzen in Einklang steht.

ZUM NACHDENKEN

- ~ Wie geht es deinem Herzen? Kann es frei nach seiner Wahrheit schlagen?
- ~ Kannst du frei die Liebe ausdrücken, die du für dich und andere empfindest?
- ~ Wenn du dich nicht frei ausdrücken kannst – was hält dich zurück?
- ~ Welches Verhältnis hast du zur Schönheit? Kannst du Schönheit empfangen, erschaffen und teilen?
- ~ Welches Verhältnis hast du zur Freude? Fühlst du dich berechtigt, Freude zu erleben, oder verleugnest du deine Freude, weil du Schuldgefühle hegst?

DIE AMSEL

Gelungene Kommunikation

Die Amsel ist eine Kommunikationskünstlerin: Ihre Tonfolgen dienen unterschiedlichen Zwecken und haben verschiedene Funktionen. Meist singt sie früh am Morgen oder verabschiedet bei Sonnenuntergang mit ihren Liedern den vergangenen Tag. Ihre harmonischen, von zahlreichen Dichtern und Schriftstellern gerühmten Melodien begleiten die Übergänge von Nacht zu Tag und von Tag zu Nacht. Mit ihrem Gesang erinnert sie uns daran, dass wir Worte zusammenfügen können, um zu erzählen, zu fragen, zu beschreiben, zu loben, zu bitten und Konflikte zu lösen. Kommunikation kann auf vielen Ebenen

Vergiss nicht, dass du mit Worten ausdrücken kannst, wer du bist – und zwar in sämtlichen Schattierungen. Beschränke dich nicht auf eine einzige Form des Ausdrucks deiner selbst.

stattfinden, aber die Amsel lenkt unsere Aufmerksamkeit auf die Kommunikation mit Worten: Mit diesen mächtigen Werkzeugen können wir Harmonie oder Zwietracht stiften – sowohl in uns als auch um uns herum. Die Botschaft der Amsel lautet, dass wir zunächst lernen müssen, aufmerksam zuzuhören, damit uns gute Kommunikation gelingt. Wir müssen zuerst auf unsere Gefühle und Bedürfnisse – und natürlich die der anderen – hören. Denn wie können wir kommunizieren, was wir fühlen, wenn wir nicht zuvor bewusst darauf gehört haben, was in uns vor sich geht? Und wie sollen wir andere verstehen, wenn wir nicht das Gleiche auch bei ihnen machen? Die Amsel ist Sinnbild der Denker, Philosophen und Künstler, die sich mit ihrer Stimme und ihren Worten Ausdruck verschaffen. Sie symbolisiert die kreative Fähigkeit, neue Aspekte der Wirklichkeit offenzulegen und sich nicht darauf zu beschränken, bereits vorhandene Erkenntnisse zu rezitieren, sondern Neuland zu erforschen und unserem Gedankenfluss freien Lauf zu lassen. Vertrauen wir auf unsere innere Schöpferkraft, wird unsere Kommunikation zu einem Fluss, der sich direkt aus der göttlichen Quelle speist. Die Kelten verehrten die Amseln der Göttin Rhiannon, die als Botschafterinnen zwischen dem Reich der Lebenden und der Unterwelt dienten.

ZUM NACHDENKEN

- ~ Bist du dir der enormen Macht der Worte bewusst, wenn es darum geht, die Wirklichkeit zu formen?
- ~ Ist deine Kommunikation wirkungsvoll?
- ~ Hast du schon einmal von gewaltfreier, mitfühlender Kommunikation gehört?

DAS GLÜHWÜRMCHEN
Lichtbringer

Das Glühwürmchen weist uns auf unser inneres Licht hin, das immer leuchtet und uns zeigt, woher wir stammen. Es tritt immer dann zutage, wenn wir geben. Die kleinen Insekten verbinden uns mit dem natürlichen Zauber unserer Erde, mit der Welt der Feen und des Kleinen Volks. Sie nehmen uns mit in eine Traum- und Märchenwelt, in der – ganz wie in der Vorstellungswelt von Kindern – alles möglich und wahr ist. Wer von uns hat sich noch nicht an warmen Sommerabenden auf die Suche nach diesen leuchtenden Geschöpfen gemacht, um die uns innewohnende Magie wiederzuerwecken? Ihre Biolumineszenz beruht

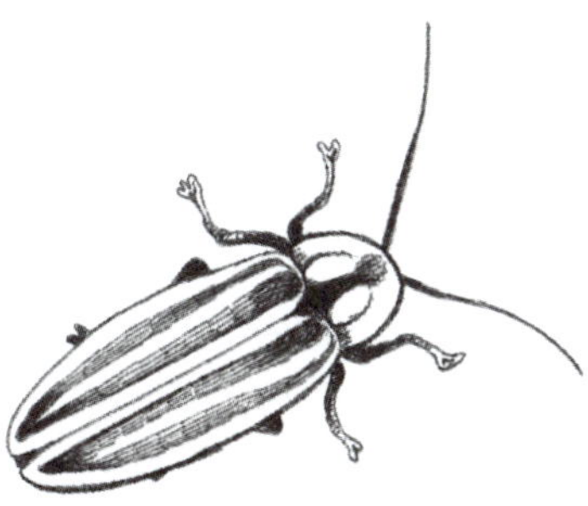

Du kannst andere erleuchten, ohne dich selbst im Dunkeln zu verbergen.

auf Oxidation und dient dazu, Partner anzulocken und Fressfeinde abzuwehren. Die Botschaft des Glühwürmchens lautet, dass wir bewusst entscheiden sollen, mit wem wir Umgang pflegen und wen oder was wir anziehen wollen. Gleichzeitig fordert es uns dazu auf, unser inneres Licht zu nutzen, um zu erkennen, wovor wir uns schützen sollen. Es lädt uns ein, selbst zu leuchten – nicht auf pompöse, sondern auf demütige, wenn auch nicht asketische Art und Weise – und dabei immer mit unserer inneren Magie und der Leichtigkeit des Geistes verbunden zu bleiben. Im alten Rom galten Glühwürmchen als Zeichen der Ausgewogenheit und der Harmonie. Sie waren die Boten der Göttin Diana, die wegen ihrer Verbindung zum Mond auch den Beinamen Lucina trug.

ZUM NACHDENKEN

- Erlaubst du dir selbst zu leuchten? Lässt du es einfach zu? Oder trägst du eine Verletzung aufgrund mangelnder Beachtung in dir und stellst dein Licht deshalb bewusst zur Schau?
- Verleugnest du dein inneres Licht, weil du denkst, dass du nicht zum Licht bzw. zu den Lichtgeschöpfen gehörst?
- Bist du mit deiner träumerischen Seite verbunden, die das Leben leicht und angenehm macht?

DIE BIENE
Königin der Fülle

Die Bienen schwirren in den Mythen, Symbolen, Kunstwerken und Kulten vieler Völker umher. Ihre Art zu leben ist beispielhaft für eine hierarchisch strukturierte Gesellschaft, eine perfekt funktionierende, auf die Mutter zentrierte Gemeinschaft. Jede Biene übernimmt die Aufgaben, die ihr gemäß ihrer Rolle in der Gemeinschaft übertragen wurden, und nutzt die damit verbundene Macht mit Verantwortung. So trägt jede Einzelne zum Reichtum und Wohlstand der Gemeinschaft bei. Die Bienen sind ein Vorbild dafür, unseren Platz in der Welt anzunehmen und so zur harmonischen Entwicklung des Lebens beizutragen. Die Bienenkönigin ist ein Symbol der Großen Mutter, des Archetypus der fruchtbaren Mutter zahlreicher Kinder. Die Arbeiterbienen hingegen stehen für Fleiß, Sorgfalt, Fürsorge, Weisheit, Sanftmut und Schutz. Die Biene lädt uns ein, mit anderen zusammenzuarbeiten, gemeinsam zu wirken und zu teilen und die Gemeinschaft jenseits jeglicher Form des Individualismus zu wahren. Die Ägypter glaubten, die Bienen seien aus den Tränen des Sonnengottes Ra entstanden. Für sie symbolisierten die Bienen die Seele, die Reinheit und die goldene Sonne, die Blüten bestäubt und Blumen und Früchte wachsen lässt. Aus diesem Grund gelten Bienen auch seit jeher als große Kostbarkeit, ebenso wie die von ihnen hergestellten Erzeugnisse wie Honig, Gelée royale, Propolis und Wachs. Diese wertvollen Gaben werden vom Menschen seit der Jungsteinzeit als Nahrungsmittel, Medikamente und rituelle Hilfsmittel genutzt, wie wir durch die Felsmalereien in der Höhle von Altamira in Spanien erfahren haben.

Verfolge mit ganzem Herzen und mit Fleiß das, was du liebst, dann wirst du wie von selbst in den Fluss der Fülle gelangen.

ZUM NACHDENKEN

- ~ Genießt du die Süße des Lebens?
- ~ Hast du das Gefühl, in deinem Handeln mit anderen für ein höheres Wohl zusammenzuarbeiten?
- ~ Ehrst du die Mutter, die dir das Leben geschenkt hat?
- ~ Bist du bereit, Fülle zu empfangen?

DER NACHTFALTER

Konzentration

Angezogen vom Licht, fliegt der Nachtfalter durch die Dunkelheit. Er lässt sich von einem Leuchten führen, das größer ist als er selbst, und verfolgt zielsicher die Richtung, in die er gerufen wird. Er ist ein Geschöpf der Nacht und des Mondes, ein Wesen des Übergangs von einer Phase der Existenz in eine andere. In den Städten folgt er dem künstlichen Licht und findet oft an Glühlampen den Tod. Er warnt uns davor, uns nicht von etwas blenden zu lassen, was dann zur Obsession wird und uns jegliches Urteilsvermögen und jeglichen Verstand raubt. Gleichzeitig lädt er uns dazu ein, unsere

Werde dir über deine Ziele klar und verfolge sie mit Beharrlichkeit.

Ziele beharrlich zu verfolgen und uns auf sie zu konzentrieren, ohne jedoch den Kontakt zur Realität oder das Gefühl für unsere Grenzen, Möglichkeiten und Ressourcen zu verlieren. So können wir auch die ehrgeizigsten Ziele erreichen. So gelangen wir zu Erfolg. Der Nachtfalter möchte, dass wir das finden, was uns erleuchtet. Er spornt uns an, uns auf eine spirituelle Suche zu begeben und innere Arbeit zu verrichten, um alles zu verändern, was uns hemmt und unsere Gegenwart tiefgreifend beeinflusst. Er zeigt uns, dass es in jedem Ereignis auch einen hellen Aspekt zu entdecken gibt, eine versteckte Lehre, die ihre Zauberkraft entfaltet, sobald wir sie erkennen. Der Nachtfalter wird mit den Luftgeistern und den Verstorbenen in Verbindung gebracht, also mit Wesen, die jenseits des Schleiers leben und trotz ihrer Unsichtbarkeit gegenwärtig sind.

ZUM NACHDENKEN

- **Was sind deine Ziele in diesem Moment?**
- **Konzentrierst du dich auf erreichbare Ziele oder auf Luftschlösser?**
- **Gelingt es dir, deine Richtung ohne Umwege zu verfolgen, sobald du sie einmal eingeschlagen hast, oder verirrst du dich immer wieder in Sackgassen, die deinen Fortschritt aufhalten?**

DER SCHMETTERLING
Verwandlungskünstler

Der Schmetterling ist Sinnbild der geistigen Schöpferkraft, der Inspiration und der Fantasie: Wenn er unseren Weg kreuzt, erweckt er unsere Intuition und neue Ideen. Weiße Schmetterlinge erzählen uns von der Liebe unserer Schutzengel und von den Engelskräften. Sie lassen uns die Nähe der Personen spüren, die wir geliebt und verloren haben, und vermitteln uns ein Gefühl von Schönheit und Heiterkeit. Die unterschiedlichen Phasen ihrer Metamorphose sind vergleichbar mit dem kreativen Prozess. Die Larve im Ei entspricht dem Prozessbeginn. In dieser Phase tobt die Inspiration wie ein Wirbelsturm von Ideen im Geiste, und es ist noch nicht klar, in welche Richtung sich alles entwickeln wird. Das Raupenstadium wird der Orientierungsphase gleichgesetzt, in der wir entscheiden, was wir machen werden, obgleich wir noch nicht wissen wie. Die Verpuppung entspricht dem Rückzug, dem In-sich-Hineinhören, währenddessen die Idee zum Projekt reift. Das Schlüpfen des Schmetterlings ist schließlich die Umsetzung des Projekts, bei der das, was wir erschaffen haben, das Licht der Welt erblickt und der Schmetterling bereit ist loszufliegen. Jeder dieser Übergänge gelingt nur mit Hingabe und Sorgfalt, mit Glauben und Akzeptanz (auch eines möglichen Misserfolgs). Wenn die Raupe sich nicht demütig dem Rhythmus anvertraut, den ihr die Metamorphose vorgibt, wird sie nie zum Schmetterling, und sie wird nie die Leichtigkeit und Freiheit des Fliegens kennenlernen. Der Schmetterling lehrt uns mit Anmut, dass der kreative Prozess aus mehreren Phasen besteht, die es zu durchlaufen gilt, und auch Wartezeiten beinhaltet, die respektiert werden müssen, wenn wir unser Ziel erreichen wollen.

Träume es –
und dann erschaffe es.

ZUM NACHDENKEN

- **In welcher Phase deines kreativen Prozesses befindest du dich gerade, was deine Wünsche anbelangt?**
- **Bist du offen für neue Ideen?**
- **Welche Überzeugungen, Gewohnheiten oder Familienloyalitäten blockieren dich?**
- **Was musst du verändern, damit du fliegen kannst?**

DIE ZIKADE
Meisterin hypnotischer Musik

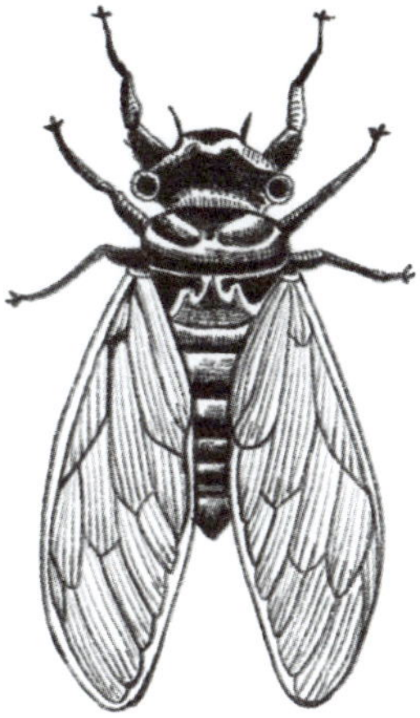

Platon hielt die Zikaden für einstige Menschen, die so sehr dem Gesang verfallen waren, dass sie ihre lebensnotwendigen Bedürfnisse vernachlässigten und starben. Er glaubte, die musikverliebten Musen hätten sie in Zikaden verwandelt, damit sie ohne Unterlass ihren hypnotischen Gesang erklingen lassen konnten. Die Zikade ist ein Sinnbild des Gesangs, der Musik, der Ekstase, aber auch der blinden Verliebtheit, die uns jeglichen Verstand raubt und wie unter Hypnose dem Willen der geliebten Person unterwirft, die uns verzaubert hat. Für mich sind Zikaden auch ein Sinnbild des Sommers, der hitzeflimmernden Landschaft und der Kiefernwälder des Südens, meiner Heimat. Ihr Gesang hat mich schon immer verzaubert. Er schenkt mir Gelassenheit und befreit meinen Geist von den chaotisch umherwirbelnden Gedanken. Zikaden leben mehrere Jahre lang als Larven unter der Erde, bis sie alle gemeinsam die Bäume hinaufsteigen und ihre Gestalt wandeln. Sie streifen ihr goldenes Gewand ab und lassen es unter der Baumrinde zurück. Ein paar Monate lang leben sie zwischen Himmel und Erde. Die Männchen singen ohne Unterlass, und der mantraartig wiederholte Ton lockt die Weibchen an. Nach der Paarung legen die Weibchen die Eier in der Baumrinde ab. Sobald die Larven geschlüpft sind und sich im Boden vergraben haben, sterben die Elterntiere alle gemeinsam – so wie sie einst auch gemeinsam aus der Erde gekommen sind. In Äsops Fabel wird die Zikade als fauler Nichtsnutz dargestellt, der sich nicht um die wichtigen Dinge im Leben kümmert. Äsop wirft der Zikade fehlende Weitsicht und fehlenden Bezug zur Wirklichkeit vor. Diese Sichtweise hegen manche Menschen auch gegenüber Künstlern: Für sie ist Kunst eine unnütze Zeitverschwendung – dabei wissen wir doch, dass Kunst die reinste Seelennahrung ist.

Finde deine Stimme und singe.

ZUM NACHDENKEN

- Besitzt deine Stimme die Freiheit zu singen, wann immer sie es begehrt?
- Welches Verhältnis hast du zum Gesang und zu anderen Formen kreativen und künstlerischen Ausdrucks?
- Erlaubst du es dir, dich selbstvergessen in jemanden zu verlieben und mit ihm zu verschmelzen?

DIE LIBELLE
Klare Sicht

Das Geschenk der Libelle ist eine klare Sicht, die uns Freiheit sowie emotionales und körperliches Gleichgewicht beschert. Die Libelle lädt uns zum genauen Hinsehen ein, damit wir das Konstrukt aus Illusionen erkennen, auf das unsere Narrative sich stützen. Doch Beobachtung allein reicht nicht aus, um unsere Illusionen aufzulösen. Wir müssen bewusst die Dynamiken und Mechanismen in uns erforschen, denn wir können nur das erkennen, von dem wir wissen, dass es existiert. Illusionen erwachsen aus unseren Projektionen und Wünschen, aber auch aus unserem Schmerz über das, was uns fehlt. Im Grunde genommen sind sie eine Art Schutzwall, der uns jedoch davon abhält, in der Wirklichkeit zu leben und die ihr innewohnende Schönheit zu genießen. Die elegante Libelle hat einen Sichtradius von 360 Grad. Sie kann sehr scharf sehen und dabei bestimmte Objekte fokussieren, die sie ergreifen möchte. Sie ist weitsichtig, aufmerksam und entschieden – wobei ihre Entschiedenheit aus ihrer klaren Sicht erwächst. Mit ihrer Anmut und Leichtigkeit erinnert die Libelle an Feen, die oft mit schillernden Libellenflügeln dargestellt werden. In vielen Kulturen, besonders in Japan, gilt die Libelle als Glückssymbol, aber manche Völker halten Libellen auch für unheilvolle Tiere: In Europa wurden Libellen früher mit Hexen und dem Teufel in Verbindung gebracht und waren daher nicht gerne gesehen. Nach einer Legende der amerikanischen Ureinwohner war die Libelle einst ein Drache mit Zauberkräften, der sich – um einen Kojoten zu überlisten – in das Insekt verwandelte, das wir heute kennen.

Löse die Illusionen auf, sodass die Wirklichkeit sichtbar wird.

ZUM NACHDENKEN

- ~ Kannst du deine Fähigkeit zur Klarsicht spüren?
- ~ Kannst du Illusionen erkennen und benennen? Kannst du die Wirklichkeit erkennen, die sich hinter ihnen verbirgt?
- ~ Kannst du dich auf deine Ziele konzentrieren, wenn du dir über sie im Klaren bist?

DIE FLEDERMAUS

Initiationsritus

In der darstellenden Kunst, in der Literatur, in den Legenden – überall werden Vampire und andere teuflische Figuren mit Fledermausflügeln ausgestattet. Auch in keinem Hexenkessel dürfen Fledermäuse fehlen. Von jeher werden diese Tiere mit der Dunkelheit assoziiert, in der sie leben – und mit dem Tod und dem Dämonischen. Tatsächlich sind Fledermäuse kleine Säugetiere mit Flughäuten, die sich im Dunkeln nicht dank Nachtsicht, sondern mithilfe von Ultraschall orientieren. Als ich klein war, nahm ich mich immer vor Fledermäusen in Acht, weil ich dachte, dass sie sich in meinen Haaren verfangen würden. Heute weiß ich, dass das nur ein Aberglaube ist, aber damals war ich fest davon

Überwinde die Angst und finde deinen Mut.

überzeugt. Ich erinnere mich noch lebhaft daran, wie viel Angst ich hatte, wenn ich abends eine Straße entlanglaufen musste, in der Fledermäuse unterwegs waren. Als Krafttiere laden uns die Fledermäuse dazu ein, unsere Ängste zu überwinden und uns mit ihnen auseinanderzusetzen. Wenn eine Fledermaus durch unsere innere Nacht fliegt, müssen wir uns unseren inneren Ängsten stellen und sie aus der Nähe betrachten. Indem wir unsere Sichtweise ändern, gewinnen wir Vertrauen in unsere Fähigkeiten. Die Fledermaus erzählt uns vom Ritus der Initiation und vom Durchleben dessen, was Paolo Coelho als »dunkle Nacht der Seele« bezeichnet. Um den Tod geht es dabei nur in dem Sinne, dass ein alter Teil von uns stirbt, und zwar der, der von geringem Selbstwertgefühl, Misstrauen und dem Gefühl der Unzulänglichkeit geprägt ist. Das ist die Opfergabe des Verängstigten, der nun bereit ist, zum Superhelden zu werden. Nicht ohne Grund hat Batman Fledermausflügel.

ZUM NACHDENKEN

- Fühlst du dich als Held deines Lebens?
- Ist das, was dich ängstigt, vielleicht eine Mutprobe, die es zu bestehen gilt?
- Wie gehst du deine Ängste an? Versuchst du, ihren Ursprung zu finden und zu ergründen, ob sie real sind?
- Hast du bereits Initiationen durchlebt, die es dir erlaubt haben zu wachsen?

DER MARIENKÄFER

Glücksbringer

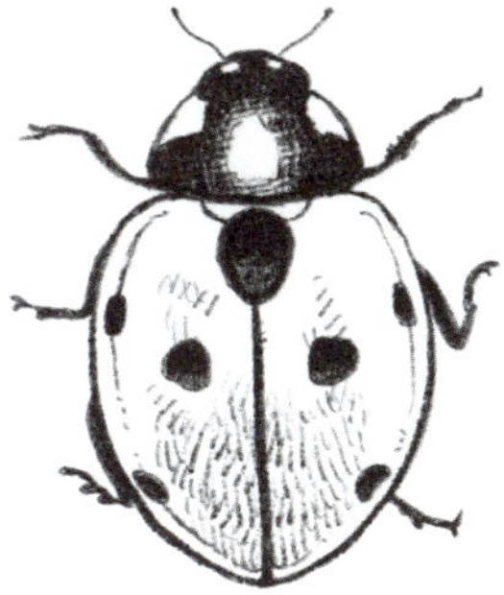

Der Marienkäfer ist seit jeher in allen Kulturen Sinnbild für Glück, Wachstum, Fülle und ein günstiges Schicksal. Dass die Marienkäfer in den frühen, meist bäuerlichen Gesellschaften als schicksalhafte Zeichen einer guten Vorsehung galten, überrascht nicht, wenn man bedenkt, dass sie sich von Blattläusen ernähren, die zwar winzig sind, aber doch in der Lage, ganze Ernten zu zerstören. Heute werden Marienkäfer immer noch als biologische Waffe im Kampf gegen die für sie so leckeren Pflanzenschädlinge eingesetzt. Der wissenschaftliche Name dieser Käferart lautet »Coccinellidae« und rührt von ihrer leuchtend roten Farbe her. Weil diese Käfer uns Menschen so großartig in der Landwirtschaft unterstützen und unsere Ernte schützen, wurden sie mit zahlreichen Gottheiten assoziiert, unter anderem mit Freya, Hera und Lucina, aber auch mit der Muttergottes und Jesus Christus. Einer Legende nach entstand der Marienkäfer aus dem Blutstropfen eines Riesen, der in einer Welt lebte, die den Tod nicht kannte. Der Marienkäfer lehrte die Bewohner dieser Welt, was der Tod war, sodass die Müden und Erschöpften endlich Ruhe finden konnten. Der Marienkäfer steht für Ausgleich, Gerechtigkeit und Erneuerung. Er lädt uns dazu ein, in den Fluss der Lebenskraft und Lebensenergie einzutauchen, der durch unsere Herzen strömt und alle Geheimnisse und Lösungen offenlegt. Er versichert uns, dass der Schlüssel zur Lösung jeglicher Probleme in uns selbst zu finden ist, wenn wir uns nur mit den harmonischen Schwingungen in uns in Einklang bringen und so wieder zurück auf unseren Weg finden.

Jedes Problem trägt seine Lösung in sich, ansonsten könnte es nicht existieren. Halte Einkehr in deinem Herzen, dann wirst du die Lösung finden.

ZUM NACHDENKEN

- Denkst du, dass du vom Schicksal begünstigt bist?
- Hast du das Gefühl, dass dir in Schwierigkeiten höhere Mächte zur Seite stehen?
- Bist du jemand, der Lösungen für seine Probleme sucht, oder schiebst du sie lieber auf die lange Bank?

DER STORCH

Neugeburt

Wer von uns ist nicht mit der Geschichte aufgewachsen, dass der Storch die Kinder bringt? Die Legende stammt aus den Ländern Osteuropas. Nach ihrem Aufenthalt in Afrika kehrten die Störche im Frühling dorthin zurück und bauten ihre Nester auf den Kaminen der Häuser, die noch beheizt wurden – und das waren vor allem Häuser, in denen Neugeborene lebten. Ob die Legende so entstanden ist? Auf jeden Fall bedeutete die Ankunft der Störche in den besiedelten Gebieten, dass Storchenküken das Licht der Welt erblickten. Der Storch lädt uns dazu ein, Neues im Leben willkommen zu heißen. Wir sollen uns dem Neuen öffnen und es so lange hegen, bis es selbstständig fliegen kann. Er zeigt uns, dass wir die entsprechenden Voraussetzungen (»ein Nest«) schaffen müssen, wenn wir Neues in unserem Leben zulassen wollen, und er spornt uns an, dabei integer und unserem gesamten Wesen treu zu bleiben. Dieser große Zugvogel wurde bereits in alten Zeiten verehrt und mit der Großen Mutter assoziiert. Er galt als Symbol der ehelichen Liebe und der Elternliebe. Tatsächlich sind Storchenpaare sich ein Leben lang treu und kümmern sich aufopferungsvoll um ihre Jungen, die sie an hochgelegenen Plätzen in riesigen Nestern aufziehen. Sind die Eltern dann alt geworden und

Ob erwartet oder überraschend – Neues wird immer in unser Leben kommen und ein neues Gleichgewicht, neue Visionen und neue Formen der Selbstfürsorge mit sich bringen.

können nicht mehr selbst auf Nahrungssuche gehen, kümmern sich die Kinder liebevoll um sie und versorgen sie mit Futter. Die Menschen schätzten die Störche auch, weil sie in der Lage sind, Schlangen zu erlegen. Bei den Thessaliern, einem Volk im antiken Griechenland, galt das Töten eines Storchs sogar als Straftat.

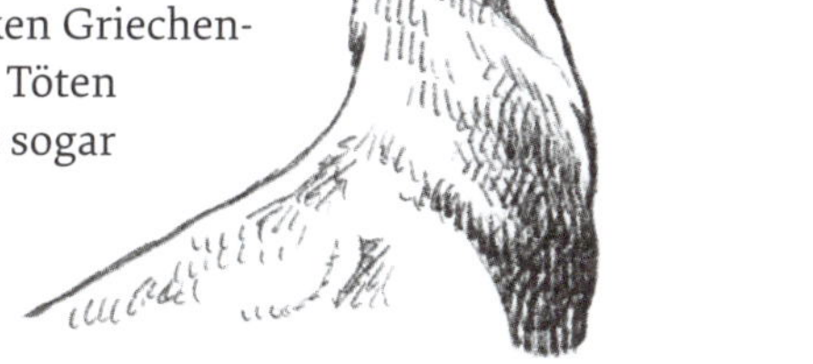

ZUM NACHDENKEN

- Was würdest du in deinem Leben gerne erneuern?
- Sind Neuerungen für dich ein Stressfaktor, oder gehören sie zum Abenteuer des Lebens?
- Was bist du bereit aufzugeben, um dich wieder öffnen zu können?

GESCHÖPFE DER ERDE

Die Geschöpfe der Erde ähneln in vielerlei Weise uns Menschen. Ihre Medizin lehrt uns, in unserem Körper zu leben, ihn als wertvolles Werkzeug zu nutzen, ihn als Tempel zu ehren und zu bewohnen. Sie erinnern uns daran, uns fest in der Erde zu verwurzeln und sie als unser Revier, unser Zuhause, unsere Mutter anzuerkennen. Sie erzählen uns von den Eigenschaften, Gaben und Aufgaben, die mit unserem animalischen, irdischen und physischen Wesensanteil in Verbindung stehen.

DIE AMEISE
Geduldige Sammlerin

Dieses kleine, starke Geschöpf wird mit Willenskraft, Entschlossenheit und Beharrlichkeit assoziiert. Es macht uns auf eine der wichtigsten Voraussetzungen aufmerksam, die wir benötigen, um unsere Ziele zu erreichen: die Geduld. Diese Medizin tut uns in einer Gesellschaft, die immer mehr Gefallen an einfachen und sofortigen Ergebnissen findet, bitter not. Wie die Bienen leben auch die Ameisen in hierarchischen Gesellschaften und arbeiten für das Wohl der Gemeinschaft und das Erreichen gemeinsamer Ziele. Sie zeigen uns, wie wichtig Teamarbeit, gegenseitige Hilfe, Zusammenarbeit und vor allem Organisation sind. Die Ameisen überlassen nichts dem Zufall, sondern planen und arbeiten im Vertrauen auf Mutter Natur. Dieses Vertrauen verlangt die Kunst des Sich-Geduldens, Ausdauer und Beharrlichkeit – besonders, wenn es um so kraftraubende Arbeiten wie den Transport der Nahrungsvorräte zum Ameisenbau geht. In der griechischen Mythologie gelten die Ameisen als Kinder des Kriegsgotts Ares und symbolisieren Stärke und Entschlossenheit. Ameisen, die in der Lage sind, das Fünfzigfache ihres Körpergewichts zu tragen, bevölkern jeden Winkel der Erde und können sich an alle klimatischen Bedingungen anpassen. Die Schattenseite des von der Ameise verkörperten Archetyps besteht darin, dass wir – wenn wir diesen vollständig verkörpern – unflexibel werden, weil wir die Regeln der Gruppen, denen wir angehören, zu streng befolgen. Das führt unvermeidlich dazu, dass wir unsere Individualität, unser persönliches Wohlergehen und unsere Möglichkeit zur Selbstverwirklichung opfern. Darüber hinaus gibt es ausgesprochen aggressive Ameisenarten, und auch wenn Aggressivität ein nützliches Werkzeug sein kann, um die eigenen Grenzen zu verteidigen, ist sie – wenn sie zum ständigen Begleiter wird – ein Zeichen dafür, dass irgendwo eine noch offene Wunde schmerzt.

Jeder kleine Schritt, den du machst, ist Teil deines Wegs. Mit Geduld wirst du dein Ziel erreichen.

ZUM NACHDENKEN

- ~ **Verfolgst du deine Ziele beharrlich, organisiert und entschlossen?**
- ~ **Bist du geduldig? Oder willst du immer alles sofort erreichen?**
- ~ **Gibst du dir ausreichend Zeit für die Umsetzung deiner Vorhaben?**

DIE MAUS
Garant für Sorgfalt

Minutiös genau und akkurat – der Maus entgeht kein Detail. Sie betrachtet die Welt nicht nur oberflächlich, sondern nimmt all die Dinge wahr, die denen entgehen, die nicht auf Kleinigkeiten achten. Ihre Medizin hilft uns, den tieferen Sinn in den Lektionen zu erkennen, die wir durchleben. Dauerhaft eingenommen, birgt diese Medizin jedoch die Gefahr, dass wir unsere Wahrnehmung zu stark aufs Detail richten und den nötigen Überblick verlieren – so wie ein Experte, der jahrelange Studien auf einem bestimmten Gebiet betreibt. Die Maus ist eine Spezialistin, die durch jahrelange Erfahrung ihre Kenntnisse verfeinert. Mäuse leben in mehr oder weniger großen Kolonien, in denen jede Maus ihre feste Rolle und Aufgabe hat. Mäusepaare bleiben oft ein Leben lang zusammen und in einem guten Umfeld vermehren sie sich zahlreich. Wie wir Menschen sind sie soziale, neugierige

Wenn du Dinge noch einmal neu und sorgfältig von Nahem betrachtest, wirst du mehr entdecken, als du dir vorstellen kannst.

Wesen, die gerne spielen und lernen und viel Platz zum Leben benötigen. Wie wir Menschen geraten sie unter Stress, und ihr Wohlergehen ist gefährdet, wenn sie in Gefangenschaft leben müssen oder mit Aufgaben und Verantwortlichkeiten beladen werden, die sie zu sehr belasten. Auch unsere Gene ähneln sich, und wir verdanken den Mäusen viele Erkenntnisse in der Humanmedizin. Mäuse stellen die geistige Energie der Dinge wieder her, die nicht mehr gebraucht werden oder weggeworfen wurden. Sie verwenden und wertschätzen, was anderen nutzlos erscheint. Aus diesem Grund gelten sie als schmutzige und gefährliche Krankheitsüberträger.

ZUM NACHDENKEN

- Setzt du dich mit wichtigen Dingen lange genug auseinander, um jedes kleinste Detail zu betrachten?
- Bist du sorgfältig und genau? Bist du so genau, dass es dir zum Hemmschuh wird? Oder fehlen dir diese Eigenschaften vielmehr vollständig?
- Betrachtest du die kleinen Dinge, wenn du in der Natur unterwegs bist? Lässt du dich von der Schönheit der Details verzaubern? Oder siehst du das Gesamtbild?

DIE GRILLE

Spirituelle Führerin

Jeder und jede von uns hat mindestens einen geistigen Führer. Hör auf dein Herz, um den deinen kennenzulernen.

Während die Zikaden die sommerliche Hitze feiern, besingen die Grillen die Nacht. Alte Legenden erzählen, dass ihr Zirpen es uns ermöglicht, in Kontakt mit unserem geistigen Führer zu kommen – einer weisen Kraft, die zu uns gehört, aber als eigenständige Persönlichkeit wahrgenommen wird. Diese Persönlichkeit hilft uns, unsere wahre Natur und den tieferen Sinn unseres Lebens zu entdecken. Der Gesang der Grillen ist auch noch in beachtlicher

Entfernung zu hören. Die harmonischen Töne vertreiben den Lärm der Gedanken, sodass wir in uns hineinlauschen und die Weisheit unseres geistigen Führers empfangen können. In vielen Erzählungen wird dieser geistige Führer als Grille dargestellt. In der griechischen Mythologie beispielsweise führt eine Grille Teiresias zum Tempel des Apollo und hilft ihm dabei, seine Berufung als Seher zu erkennen. In der ägyptischen Mythologie begleitet sie die Verstorbenen ins Jenseits und weist sie auf die Gefahren hin, die auf der Reise lauern. Sogar in der Geschichte von Pinocchio erscheint sie als Freundin, Ratgeberin und Führerin und hilft dem kleinen Holzkerl, die richtigen Entscheidungen zu treffen und sich vor Gefahren in Acht zu nehmen. So trägt sie wesentlich dazu bei, dass Pinocchio schließlich ein verantwortungsbewusster und reifer Mensch wird. Die Grille lädt uns ein, zu erwachen, bewusst zu leben, uns zu erden, achtsam zu sein und uns um uns selbst und die Vorhaben unserer Seele zu kümmern.

ZUM NACHDENKEN

- ~ Stehst du in Kontakt zu deinem geistigen Führer?
- ~ Lässt du dir von Weiseren helfen, oder denkst du, dass du alles selbst tun musst?
- ~ Ist die unsichtbare Welt für dich Wirklichkeit oder Fantasie?

DIE SCHILDKRÖTE

Mutter Erde

Die Schildkröte ist alt wie die Erde, langlebig, weise, zäh, fruchtbar und im Wasser ebenso zu Hause wie an Land. Sie ist ein Symbol der Großen Mutter, der Schöpferin jeglicher Kreaturen. Für die Schamanen auf der ganzen Welt repräsentiert sie die Verbindung zum Planeten und zum Element Erde und steht für Verwurzelung und die unterirdische Welt. Schamanen aus Nordamerika, Australien und der Mongolei sowie der in Asien lebenden tungusischen Völker und des Han-Volkes nutzen den Panzer der Schildkröte, um solide und robuste Trommeln herzustellen, die als heilige, vom Geist erfüllte Gegenstände gelten. Auf diesen Trommeln erzeugen die Schamanen Töne, die sie in tiefe Trance versetzen und mit den Elementargeistern und der Erde verbinden. Ihr Panzer bietet der Schildkröte beständigen und wirksamen Schutz, den sie immer bei sich trägt. Er dient ihr als Haus und macht sie so gut wie unangreifbar für äußere Fressfeinde.

Die Schildkröte erinnert uns daran, dass wir Kinder der Erde sind und uns an die Große Mutter wenden müssen, wenn wir Unterstützung und Hilfe benötigen. Sie lehrt uns – wie alle anderen Tiere auch –, demütig von Mutter Erde zu lernen und dankbar von ihr anzunehmen, ohne dabei in Rollen zu schlüpfen, die uns nicht zustehen. Wenn wir unsere Rolle als Kind respektieren, schenkt uns die Erde alles, was wir brauchen: Schutz, Hilfe, Unterstützung, Nahrung, Fürsorge, Heilung, Erholung, Weisheit und Bedeutung. Die Schildkröte lädt uns ein, gleichzeitig geerdet zu sein und zu fließen, um kreativ in der Gegenwart zu leben. Sie mahnt uns, unsere Ideen reifen zu lassen, bevor wir sie offenlegen, und Ideen, die nicht umsetzbar sind, zu verwerfen.

Das Kind, das nicht vergisst, dass es eine Mutter hat, ist nie allein. Die Erde ist deine Große Mutter.

ZUM NACHDENKEN

- Bittest du in der Not Mutter Erde um Hilfe?
- Fühlst du dich als ihr Kind?
- Kannst du im richtigen Moment langsamer werden, oder bist du zu sehr in Eile?
- Was kannst du tun, um dich geerdet und mit der Natur und deinem Körper verbunden zu fühlen?
- Fühlst du dich beschützt?

DIE SCHLANGE

Beständige Veränderung

Dieses mächtige, erdverbundene Urwesen bewegt sich in den Tiefen unserer Welt. In manchen Kulturen wird die Schlange verehrt, in anderen gilt sie als dämonisches Geschöpf. Meistens jedoch wird sie als Gottheit betrachtet, die in beständiger Veränderung lebt. Sie ist eine einzigartige Meisterin, wenn es darum geht, loszulassen, sich immer wieder neu zu erschaffen und zu neuem Leben wiedergeboren zu werden. In den alten Kulten der Großen Göttin hat die Schlange eine Sonderstellung im Schoß der Großen Mutter: Sie ist die weise Wächterin des heiligen Feuers und der kreativen sexuellen Energie. Sie begleitet diejenigen, die in die geheimnisvollen Prozesse von Werden und Vergehen, Tod und Wiedergeburt eingeweiht werden. Die Schlange bringt uns die Medizin der Veränderung, die Fähigkeit, uns an die Wendungen des Lebens anzuschmiegen, uns weiterzuentwickeln und jede Erfahrung ohne Widerstand vollständig zu akzeptieren. Sie lehrt uns, dass die Wurzel allen Leidens in unserem Widerstand gegen den Fluss des Lebens zu finden ist, und lädt uns ein, alles Giftige in unseren Emotionen, unserem Geist, unserer Spiritualität und unserem Körper durch die mächtige Energie der Veränderung umzuwandeln. Sie trägt das Feuer des Mysteriums und der Verwandlung in sich. Im Christen- und Judentum gilt die Schlange als Verführerin, verantwortlich für den Fall des Menschen, und wurde so zum Symbol für das Böse. Die zahlreichen Legenden, die sich um sie ranken, sind auch dazu gedacht, vor der von Schlangen ausgehenden Gefahr zu warnen. Die Schlange ist ein Wesen der Initiation. Sie symbolisiert den oft angstbeladenen Übergang von Unwissen zu Erkenntnis, was zu ihrem negativen Ruf beigetragen hat.

Wenn dich deine äußere Hülle belastet, sie zu eng wird oder auf andere Art nicht mehr zu dir passt: Streif sie ab! Das Feuer der Erneuerung brennt beständig in dir.

ZUM NACHDENKEN

- Welche Gedanken, Handlungen oder Wünsche musst du verändern, um neu geboren zu werden?
- Welche Gifte in dir willst du in Medizin umwandeln?
- Belastet es dich, deine Hülle abzustreifen? Macht es dir Angst?

DIE EIDECHSE

Kraft des Träumens

Während die Eidechse sich von der Sonne wärmen lässt, ersinnt sie im Traum Welten. Es sind Welten, die es noch nicht gibt, die wir aber mithilfe der Vorstellungskraft erschaffen können, indem wir unsere Wünsche auf sie ausrichten und Wirklichkeit werden lassen. Die Eidechse ist eine Traumkünstlerin, die uns zeigt, dass wir gleichzeitig in mehreren Wirklichkeiten leben. Wir können die Welt der Träume bewusst erleben, indem wir wie die Schamanen luzide träumen. In ihren Träumen führen sie Heilungen durch, erwerben Wissen, nehmen die Welt in ihrer Tiefe wahr, erschaffen Neues und kommunizieren mit den Geistern und Vorfahren. Die Eidechse wurde der Göttin

Ein Schöpfungsprozess kann immer nur mit Träumen beginnen. Wir dürfen also nicht aufhören zu träumen, denn wie sollten wir sonst die Wirklichkeit erschaffen, die wir uns wünschen?

Gaia, also der Erde, zugeordnet. Sie galt als heilig und als gutes Omen, da sie dank ihrer Fähigkeit, bewusst in der Traumwelt zu leben, in der Lage ist, die Zukunft vorherzusehen und diejenigen zu schützen, die emotional mit ihr verbunden sind. Sie lädt uns ein, der Welt der Träume angemessen Zeit und Beachtung zu schenken, das heißt, auf ausreichend Schlaf sowie geistige und körperliche Ruhephasen zu achten, weil uns dies erlaubt, die Türen unserer Vorstellungskraft zu öffnen und zu anderen Ebenen der Existenz zu gelangen. Wenn die Eidechse von Fressfeinden angegriffen wird, opfert sie ihren Schwanz, um ihr Leben zu retten. Sie kann ihn einfach abwerfen und so den Angreifer ablenken und entkommen. Danach wächst ihr ein neuer Schwanz, der zwar einfacher konstruiert ist als das Original, aber seine Funktion erfüllt. Das Beispiel der Eidechse zeigt uns, dass das Träumen Energie, Mut, Raffinesse und Opfermut verlangt. Um unsere Träume zu verwirklichen, müssen wir bereit sein, Teile von uns aufzugeben – im Vertrauen darauf, dass andere, wichtigere Teile sie ersetzen werden.

ZUM NACHDENKEN

- ~ **Welche Träume hast du?**
- ~ **Welche davon willst du verwirklichen?**
- ~ **Welchen Teil von dir bist du zu opfern bereit, damit sie wahr werden?**
- ~ **Fühlst du dich deinen Träumen gewachsen? Woran liegt es, falls du denkst, dass du sie nicht verwirklichen kannst?**
- ~ **Ist dir bewusst, dass du der Traum von jemandem bist, der vor dir existiert hat?**

DER REGENWURM

Kraft der Erneuerung

Eines der faszinierendsten Geschöpfe, die unter der Erde leben, ist der Regenwurm. Unermüdlich frisst er sich durch abgestorbene Blätter, Gräser und andere Pflanzenteile und verwandelt sie auf wunderbare Weise in nährstoffreichen Humus, der den Boden fruchtbar macht, sodass erneut Pflanzen wachsen und gedeihen können. Und dieses Wunder wirkt er einfach dadurch, dass er seine Nahrung verdaut und wieder ausscheidet. Er ist ein Sinnbild dafür, dass wir alles, was seine Lebensenergie und seinen Sinn und Zweck verloren hat, in etwas Neues, Nützliches und Lebendiges umwandeln können. Auch wir können unsere Erlebnisse verinnerlichen und verdauen und unserem Leben neuen Sinn verleihen, indem wir die Dinge, die uns umgeben, unser Zuhause, unsere Gewohnheiten und unsere Denkmuster ändern. Alles, was wir tatsächlich besitzen, können wir auch umwandeln. Die Erneuerung, die der Regenwurm im dunklen Schoß der Erde bewirkt, beschränkt sich nicht nur auf den Boden – auch sich selbst kann er wiederherstellen: Wenn ein Teil von ihm abgerissen wird, so wächst an dem Teil seines Körpers, in dem sich der Kopf befindet, der fehlende Teil wieder nach, ganz so wie bei der Eidechse. Einigen Legenden zufolge ist er sogar in der Lage, beide Teile zu regenerieren, sodass daraus zwei eigenständige Wesen entstehen. Der Regenwurm lebt unter der Erde und kommt nur nachts an die Oberfläche, um zu essen, oder bei starken Regenfällen, um nicht zu ertrinken. Er ist ein demütiges Geschöpf, das uns zeigt, wie wir im Stillen und im kleinen Kreis wirken und dabei großartige, revolutionäre Veränderungen erreichen können, von denen alles Leben profitiert.

Alles, was sterben muss, hat das Potenzial, fruchtbaren Boden für neues Leben zu bilden.

ZUM NACHDENKEN

- ~ Erweckst du Altes gerne zu neuem Leben?
- ~ Ist dir bewusst, dass es ein revolutionärer Akt ist, wenn du dich veränderst oder abgelegten Dingen einen neuen Nutzen verleihst?
- ~ Hast du schon Versuche unternommen, dich selbst grundlegend zu erneuern? Wie hat sich dieser Prozess angefühlt?

DIE HEUSCHRECKE

Sprunghafte Entwicklung

Wenn wir einen Ansporn benötigen, um endlich mit einer Aufgabe zu beginnen, die wir lange vor uns hergeschoben haben, können wir uns die Heuschrecke als Vorbild nehmen. Sie ist eine Meisterin darin, in Bewegung zu kommen – immer bereit, frei und sicher in neue Richtungen zu springen, hin zu neuen Möglichkeiten. Dabei bleibt sie stets ihrem Instinkt und ihrem Rhythmus treu. Sie ist eine Pionierin auf dem Entwicklungsweg, öffnet Türen zu neuen Dimensionen und erinnert uns daran, dass es nach großen Unternehmungen und weiten »Sprüngen« an der Zeit ist, sich auszuruhen, die

Errungenschaften zu genießen und neue Energie zu gewinnen, um sich auf den nächsten Sprung vorzubereiten. Sie lädt uns ein, zu vertrauen, mutig zu sein und Neues zu wagen – aber auch, uns angemessen vorzubereiten, damit wir einen festen Untergrund haben, von dem aus wir den nächsten Entwicklungssprung unternehmen können. Manche Änderungen lassen sich nur in kleinen Schritten erreichen, für andere sind jedoch wirkliche Sprünge notwendig – Sprünge, die ein tiefes Vertrauen verlangen, weil sie in unbekanntes Terrain gerichtet sind, das uns jedoch tief in unserem Inneren an etwas erinnert. Das Grün der Heuschrecke finden wir in allen Schattierungen in der Natur wieder. Es ist die Farbe des Herzchakras und steht für Erneuerung, Entdeckergeist und angstbefreiten Tanz, in dem wir uns lebendig und zufrieden fühlen.

Manchmal muss man einfach springen, alles hinter sich lassen und auf die eigenen Ressourcen und Stärken vertrauen.

ZUM NACHDENKEN

~ Wagst du den Sprung zu neuen Möglichkeiten, wenn dein Instinkt dich stark und entschieden dazu auffordert?
~ Bist du eher jemand, der kleine Schritte macht, oder wagst du gerne große Sprünge, um rasch die Gelegenheit zu großem Erfolg zu ergreifen?
~ Bist du im Besitz der Heuschrecken-Medizin?

DIE KATZE
Heiligkeit des Instinkts

Die mysteriöse, schwer fassbare und nur oberflächlich domestizierbare Katze ist ein Tier des Mondes und der Weiblichkeit par excellence. Auch wenn sie dem Menschen liebevoll zugeneigt ist und seine Gesellschaft sucht, ist sie doch völlig unabhängig. Ihre schmiegsame Eleganz ist typisch für die Katze. Sie kann hervorragend mithilfe ihres Körpers kommunizieren und duldet nicht, dass ihre Grenzen überschritten oder ihre natürlichen Instinkte und Wesenszüge unterdrückt werden. Es heißt, dass die Katzen zur Welt der Geister- und Energiewesen gehören und als Augen der Götter still das Weltgeschehen betrachten. Im alten Ägypten galten sie als heilige Verkörperungen der Göttin Bastet, der Erforscherin der menschlichen Seele und der Hüterin des Hauses. Der Instinkt der Katze ist nicht auf Anarchie, Egoismus, Gleichgültigkeit oder Distanz ausgerichtet, sondern auf Schutz, Eigenständigkeit, Abgeklärtheit, Selbstgenügsamkeit und tiefe Treue gegenüber den Gesetzen der Natur, die ihre Rolle in der Schöpfung festlegen. Sie ist sanft und mütterlich wie der Mond und kann für sich und andere sorgen. Ihr Schnurren vertreibt jede Traurigkeit und füllt jegliche Leere: Sie ist ein Tier der Heilung. Es ist keine Überraschung, dass sie so ein beliebtes Tier ist und schon in frühen Zeiten von den Menschen als Haustier gehalten wurde – besonders natürlich, weil sie eine begnadete Jägerin ist und Nagetiere und Insekten frisst, die in Haus und Hof Schäden anrichten können. Es heißt sogar, sie könne das Haus vor bösen Geistern schützen. Die Katze lädt uns ein, Gefühle und Müßiggang in vollen Zügen zu genießen, ohne dabei die Kraft unseres Instinkts einschläfern zu lassen, denn diese ist heilig und ein existenzieller Bestandteil unseres Wesens.

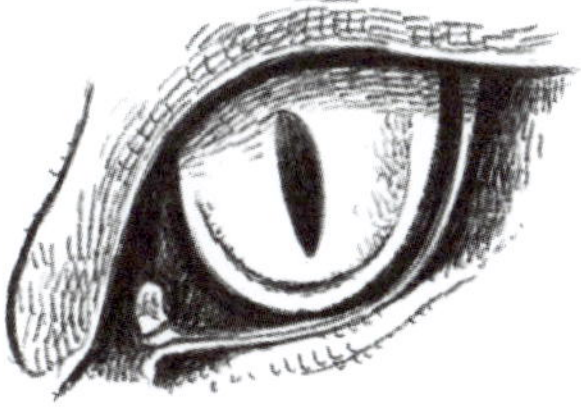

Mein Instinkt ist heilig, und ich höre nur auf ihn. Ich lasse mich auf andere ein, aber vergesse dabei nicht mein wahres Wesen.

ZUM NACHDENKEN

- Bist du mit deinem Instinkt und mit deiner wilden Natur vertraut?
- Heißt du die Aspekte des Mondes in dir willkommen, und weißt du mit ihnen umzugehen?
- Weißt du, wer versucht, dich dazu zu bringen, deine wahre Natur zu verleugnen?

DER HUND
Loyale Freundschaft

Schon früh domestizierte der Mensch den Hund, damit dieser seinen Besitz schützen, ihm Gesellschaft leisten, ihm helfen und ihn trösten würde. Die treuen Hunde sind Nachfahren der Wölfe, die sich dafür entschieden haben, dem Menschen zu dienen. Leider nutzen die Menschen nur zu oft die Bereitschaft und Freundlichkeit dieser Tiere aus und zerstören deren natürliches Wesen. Trotzdem bleiben die Hunde ihrer Aufgabe treu: Sie dienen uns weiterhin und zeigen Mitgefühl für unsere Unzulänglichkeiten. In den Mythologien der ganzen Welt spielen Hunde eine wichtige Rolle als Wächter von Schätzen und wichtigen Orten. Anubis, Zerberus, Garm, Orthos und Xolotl sind nur einige von ihnen. Natürlich lassen wir unsere Schätze und Kostbarkeiten

Loyale Freunde sind ein göttliches Geschenk und ein Segen. Sie verleihen unserem Herzen Flügel. Vergiss nicht, dieses Geschenk wertzuschätzen!

nur von jemandem bewachen, dem wir vertrauen. Mit der ihr eigenen Medizin haben die Hunde dem Menschen schon seit jeher Vertrauen eingeflößt. Der Hund ist Sinnbild für die Loyalität gegenüber Herr und Rudel und für den Schutz von Mensch und Besitz. Außerdem steht er für Weisheit und Freundschaft. Ich bin von klein auf mit Hunden aufgewachsen, und ihre liebevolle, verspielte, zugewandte und schützende Begleitung war für meine emotionale Entwicklung von grundlegender Bedeutung. Ich habe sie immer als Freunde und Familienmitglieder betrachtet, die einen Platz in meinem Herzen haben. Der Hund lehrt uns, anderen demütig zu dienen. Er lädt uns dazu ein, treu zu sein, und zwar zuallererst uns selbst, denn nur so können wir auch unseren Mitmenschen gegenüber loyal sein.

ZUM NACHDENKEN

- Hältst du dich für loyal?
- Bist du manchmal nur loyal, um von jemandem Bestätigung zu erhalten?
- Wenn du dich berufen fühlst, jemandem zu dienen – auf welche Weise tust du dies?
- Zeigst du deinen Freunden, dass du sie wertschätzt?

DER WOLF

Der Weise vom Berg

> Nimm dich in all deinen Facetten an – daraus erwächst Weisheit.

Frei, intelligent, unbezwingbar: Der Wolf ist der spirituelle Meister, der uns dazu einlädt, die uns innewohnende Weisheit zu ehren. Er ist dem Mond geweiht und der weiblichen Schöpfungskraft verbunden. Er führt uns zur Initiation und fordert uns dazu auf, unsere Ängste zu erkennen und sie mit Mut zu überwinden, um unsere eigene Wahrheit zu finden.
Der Wolf erkundet, wandert umher und entdeckt sich selbst in den Erfahrungen, die er in dieser Welt macht. Er weiß, woher er kommt – und er weiß auch, dass er sich, um sich wiederzufinden, von seinem Rudel entfernen und die Einsamkeit suchen muss. Dann kann er mit reichem Wissen zurückkehren und es allen zur Verfügung stellen. Er ist seinen Instinkten und seiner Natur treu und lässt sich nicht im Austausch für Bequemlichkeit domestizieren. Auch bei der Wahl seines Lebenspartners ist er unbestechlich. Wenn er eine Familie gründet, kümmert er sich um diese bis in den Tod, ohne sich dabei jedoch selbst zu verleugnen. Manchmal bricht sich seine ungezähmte Wildheit in uns Bahn und erinnert unseren domestizierten Teil daran, dass das Leben jenseits der Unterscheidung in Licht und Schatten, Richtig und Falsch existiert und nicht in starre Denkmuster gesperrt werden kann. Diese Wildheit hat dazu geführt, dass der Wolf in den Mythen und Fabeln als bedrohlich dargestellt wird. Tatsächlich besitzt er jedoch große Weisheit. Seine Botschaft lautet, dass unsere Wahrheit so viele Facetten hat wie wir Betrachtungsweisen. Er zeigt uns, wie wir diese Vielfalt willkommen heißen und bündeln können, denn die Medizin des Wolfs offenbart sich in der Vereinigung dieser unterschiedlichen Betrachtungsweisen.

ZUM NACHDENKEN

- Bist du mit deiner inneren Weisheit verbunden?
- Was siehst du in deinen Lehrern, was du in dir selbst noch nicht findest?
- Ist dir bewusst, dass alles und alle deine Lehrer sein können?
- Pflegst du den wilden Teil deiner selbst?
- Kümmerst du dich um dich selbst und um die, die du liebst?
- Vertraust du deinem Instinkt, oder stellst du ihn infrage, weil du Bestätigung und Beweise suchst?
- Hindern dich Ängste daran, dich selbst zu verwirklichen?

DER ESEL

Demütiger Diener

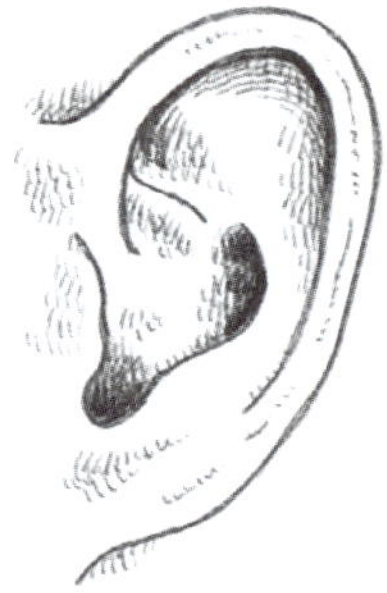

Als der Titan Epimetheus von Zeus beauftragt wurde, die Welt mit Tieren zu bevölkern, schenkte er den Menschen den Esel, der ihnen bei schweren Arbeiten helfen und an ihrer Stelle schwere Lasten tragen sollte. Der Esel war früher eine wichtige Hilfe für die Menschen, sowohl als Reit- als auch als Lasttier, besonders wenn es darum ging, schwer zugängliche oder in den Bergen gelegene Orte zu erreichen. Heute übernehmen Maschinen diese Aufgabe. Die Esel werden in der Tiertherapie eingesetzt und tragen

Demut bedeutet nicht Unterwerfung oder Selbstverleugnung, sondern das vollständige Akzeptieren der Aufgabe, die einem auferlegt wurde.

so weiterhin zu unserem Wohlergehen bei. Diese großartigen Dienste an die Menschheit offenbaren die charakteristische Demut dieser sanften, sensiblen, intelligenten, beharrlichen, aufmerksamen, weisen, widerstandsfähigen und vertrauenswürdigen Tiere. Mit ihren großen Ohren sind sie auch aufmerksame Zuhörer, die genau wahrnehmen, was um sie herum vor sich geht. Sie erkennen Gefahren schon von Weitem und halten sich von ihnen fern. Die Botschaft des Esels lautet, dass wir den Urteilen anderer über uns nicht zu viel Gewicht beimessen, sondern stattdessen die Bestätigung unserer Stärken in dem göttlichen Teil unseres Selbst suchen sollen. Die Demut des Esels wird oft als Dummheit interpretiert – man denke nur daran, dass das Wort »Esel« als Schimpfwort verwendet wird, um jemanden als dumm zu bezeichnen, und dass noch bis vor wenigen Jahren Kinder in der Schule gedemütigt wurden, indem sie falsche Eselsohren tragen mussten. Doch genau diese Sitten beweisen, wie beschränkt wir Menschen selbst sein können.

ZUM NACHDENKEN

- ~ **Was bedeutet Demut für dich?**
- ~ **Bist du demütig?**
- ~ **Wie wichtig ist dir das Urteil anderer?**

DER BÄR

Weisheit der Innenschau

Der Bär ist dem Mond verbunden. Seine Stärke liegt in der Magie der Stille, an einem Ort, den wir alle in uns selbst finden und uns dort so lange wie nötig von allem anderen und allem Äußeren abkapseln können. Dieses riesige, dick bepelzte Wesen lebt in grünen, unverschmutzten Gegenden und in den Eiswüsten unserer Welt. Es lädt uns ein, die Stille zu nutzen, um bewusst mit uns selbst in Kontakt zu treten, denn die Antworten auf unsere Fragen sind nur in der Stille unserer inneren Rückzugshöhle zu finden. Dort entdecken wir einen Widerhall der Kräfte unserer Vorfahren, und unser Herz schlägt im Takt der Erdmutter. Der Bär zeigt uns, wie wir mit dem Herzen wahrnehmen, zu unseren Wurzeln hinabsteigen und dort im Einklang mit unseren Erfahrungen aus der Vergangenheit zu tiefer Erkenntnis gelangen können. Wir wissen besser als jeder andere, was das Beste für uns ist. Wenn wir bewusst Zeit mit uns selbst verbringen, können wir innere Stärke und Selbstständigkeit entwickeln. Das ist von grundlegender Bedeutung, wenn wir uns selbst und andere kennenlernen und bewusst entscheiden wollen, mit wem wir Zeit verbringen. Bären sind wilde, intelligente, starke und beschützende Tiere, die dem Rhythmus der Natur verbunden sind. Sie leben in einem perfekten Gleichgewicht von langen Phasen der Selbstschau, der Lethargie und der vollständigen Abgeschiedenheit in den Herbst- und Winterzeiten des Lebens und aktiven Phasen überschäumender Energie im Frühling und im Sommer.

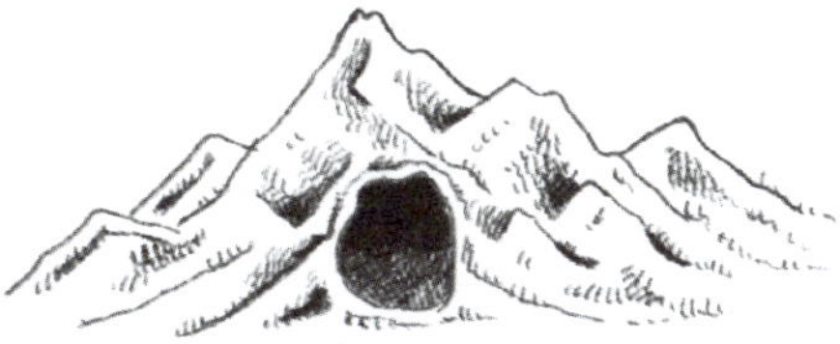

In unserer inneren Stille finden wir alle Antworten. Lerne, das Alleinsein zu nutzen, um engen Kontakt mit dir selbst aufzunehmen.

ZUM NACHDENKEN

- Welches Verhältnis hast du zur Stille? Und welches zu dir selbst?
- Gönnst du dir Raum, um nach innen zu schauen, zu lauschen und zu empfangen?
- Hörst du auf dein Gefühl und auf die dir innewohnende Weisheit?
- Welche Antwort erwartet dich in der Stille deines Herzens?

DIE KUH

Göttliche Mutter

Die Kuh gilt in allen Kulturen als Sinnbild der Weiblichkeit im Hinblick auf Fruchtbarkeit, das Hervorbringen neuen Lebens sowie das Stillen und Nähren. Die heilige Kuh nährt mit Güte, Liebe und Sanftmut. Sie ist der Archetypus der guten Mutter. In der ägyptischen Lehre von der Entstehung der Welt taucht die Göttin Mehet-weret, die Mutter jeder Wiedergeburt, in Gestalt der Himmelskuh als erstes Lebewesen aus dem kosmischen Ozean der Schöpfung auf. Zwischen ihren Hörnern trägt sie die Sonnenscheibe und hält den Kreislauf von Nacht und Tag, Tod und Wiedergeburt am Laufen. Jeden Tag bringt sie aufs Neue ihren Sohn Ra auf die Welt, damit Licht und Dunkelheit sich stets abwechseln. Die Hörner der Kuh wurden – als Symbol für die Gebärmutter – zum Attribut der Priesterinnen des Mutterkults. In Indien wurde es im Jahr 1527 verboten, eine Kuh zu töten, und Kühe gelten dort noch heute als heilig und unantastbar. Mit ihren

großen, sanften Augen lädt uns die Kuh dazu ein, uns von unseren Erfahrungen nähren zu lassen und die Möglichkeiten, die sie uns bieten, mit Ruhe, ohne Hast und mit Gegenwärtigkeit zu genießen. Sie zeigt uns, dass wir alles, was aus uns entsteht, wie eine Mutter nähren und liebevoll schützen sollen. Vor allem aber erinnert sie uns daran, wie wichtig es ist, die Erde und die natürlichen Ressourcen zu pflegen, denn sie nähren uns und sichern unser Überleben und das anderer Spezies.

Alles, was geboren wird, benötigt Liebe, Nahrung und Schutz, damit es wachsen kann.

ZUM NACHDENKEN

- ~ **Kümmerst du dich aktiv um den Schutz der natürlichen Ressourcen?**
- ~ **Behandelst du deine Schöpfungen mütterlich? Nährst, liebst und beschützt du sie?**
- ~ **Welche Beziehung hast du zum Mütterlichen und zur Mutterschaft?**

DIE SPINNE

Weberin des Universums

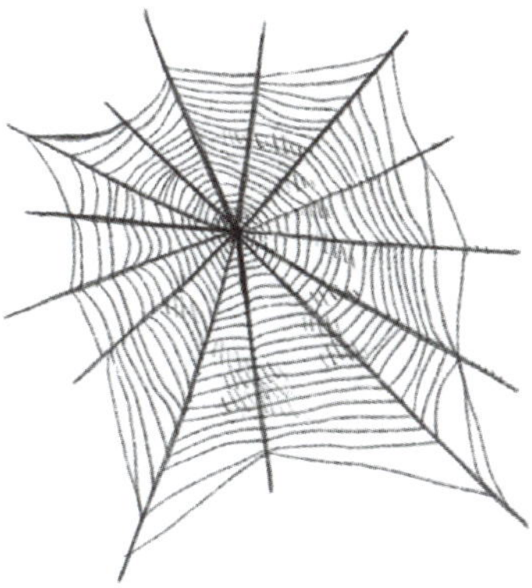

Die Spinne webt göttliche Muster von unbeschreiblicher Schönheit und wurde so zum Sinnbild für die weibliche Schöpferkraft, die unsere Welt formt. Zahlreiche Mythen erzählen davon, wie die Spinne webend das Universum erschuf. Die Spinne ist ein Symbol für das unendliche Potenzial der Schöpfung, das göttliche Potenzial, das es uns erlaubt, unseren ureigenen Lebensstil zu erschaffen, sprich neue Arten zu wohnen, zu arbeiten, zu lernen, uns auszudrücken und miteinander zu kommunizieren. Sie erinnert uns daran, dass wir unsere alten Lebensmodelle überarbeiten und neue entwerfen können, die besser an unsere Bedürfnisse angepasst sind, und dass uns hierfür unbegrenzte Möglichkeiten zur Verfügung stehen, wenn wir in Einklang mit den kosmischen Kräften stehen und sie kanalisieren. Durch ihren Schöpfungsprozess erinnert die Spinne uns daran, dass Harmonie aus der Ausgewogenheit der einzelnen Teile resultiert. Sie erschafft Schönheit, indem sie einfach nur ihr Talent ausübt und im Rhythmus des Herzens webt. Dabei ist sie uns ein Vorbild hinsichtlich Geduld, Hingabe, Sorgfalt und Beharrlichkeit. All diese Eigenschaften sind notwendig, um etwas völlig Neues zu erschaffen. Trotz alledem gibt es schon seit jeher Menschen, die sich vor Spinnen fürchten und sie mit Intrigen, umgarnenden Illusionen und ausweglosen Fallen assoziieren.

Ich webe das Netz meiner Tage immer wieder aufs Neue. So wird meine Schöpfung zum Kunstwerk.

ZUM NACHDENKEN

- ~ Ist dir bewusst, dass du dein Leben erschaffst?
- ~ Was möchtest du in dieser Zeit erschaffen?
- ~ Fühlst du dich frei, oder halten dich Ängste und Illusionen zurück?
- ~ Feierst du deine Schöpfungen? Wie begegnest du den Schöpfungen anderer Menschen? Kannst du dich an ihnen erfreuen?

DAS OPOSSUM

Improvisationskünstler

Wenn im Tierreich ein Oskar für den besten Schauspieler vergeben würde, dann ginge er mit Sicherheit an das Opossum. Zu seinen wichtigsten Stärken gehört die einzigartige Fähigkeit, sich bei einem Angriff tot zu stellen, wenn es einen Kampf vermeiden will und keinen anderen Ausweg sieht. Mit Gewitztheit und Liebe zum Detail spielt es dann seine Rolle und wirft sich zu Boden, als sei es mausetot. Bei dieser Inszenierung geht das Opossum so weit, seine Körpertemperatur abzusenken und das Gesicht wie im Todeskampf zu verziehen. Es verfügt sogar über Drüsen, mithilfe derer es einen

Es gibt immer einen Plan B, eine Alternativlösung oder noch ein Ass im Ärmel, das wir ausspielen können.

schrecklichen Verwesungsgestank ausströmen kann. Die Angreifer, die es für tot halten, sind verwirrt, und das Opossum nutzt das aus, um sich schleunigst aus dem Staub zu machen. Opossums sind also intelligente und gewitzte Tiere, die sich, auch was die Ernährung oder den Lebensraum anbelangt, an die unterschiedlichsten Bedingungen anpassen können. Sie finden immer eine Lösung – auch wenn sie in völlig unvorhergesehene Situationen geraten. Ihre Medizin besteht in der Kunst zu improvisieren. Das Opossum fordert uns dazu auf, uns selbst immer wieder aufs Neue in Staunen zu versetzen, indem wir auf noch ungenutzte Ressourcen zurückgreifen, und Kräfte zu sparen, indem wir unnützen Auseinandersetzungen aus dem Weg gehen und uns stattdessen mit Bedacht auf das konzentrieren, was wirklich wichtig ist. Außerdem zeigt es uns, wie wir gewitzt auf Angriffe reagieren können.

ZUM NACHDENKEN

- ~ Wie reagierst du, wenn du angegriffen wirst?
- ~ Kannst du dich im Notfall verteidigen? Weißt du auch, wann es Zeit ist, einer Konfrontation aus dem Weg zu gehen?
- ~ Liebst du es, andere zu überraschen?
- ~ Lässt du dich gerne überraschen?

DAS GÜRTELTIER

Die eigenen Grenzen schützen

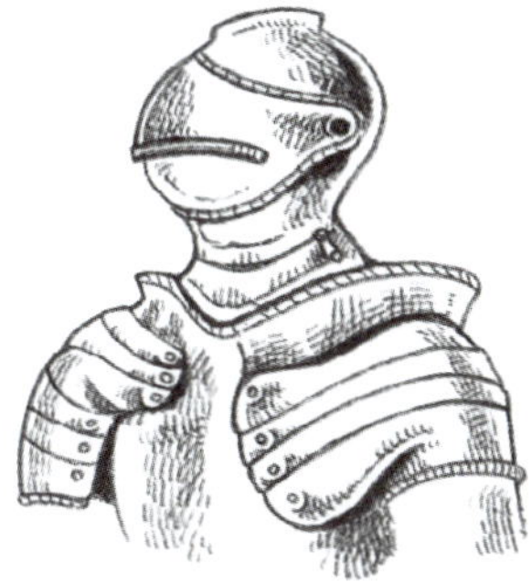

Der Schuppenpanzer des Gürteltiers würde einem Drachen alle Ehre machen. Wenn sich das Gürteltier bedroht fühlt, rollt es sich zu einer Kugel zusammen, die dank dieses Panzers zur uneinnehmbaren Festung wird. Gürteltiere sind Säugetiere, die langsam und bedächtig unterwegs sind. Ihre Aufmerksamkeit und Vorsicht erinnern uns daran, wie wichtig es ist, die eigenen Grenzen zu schützen. Das Gürteltier ist Sinnbild für Sicherheit und Selbstschutz, und wie das Opossum zeigt es uns, wie wichtig es ist, Verteidigungsstrategien zu entwickeln. Dieses friedfertige Tier beschäftigt sich lieber mit Nahrungssuche als mit Kämpfen. Dank seiner Widerstandskraft kommt es aber auch mehrere Tage ohne Nahrung aus.

Ich weiß, wann ich Ja und wann ich Nein sagen muss. Mir ist bewusst, wie wichtig meine Grenzen sind und dass ich sie schützen muss.

Das Gürteltier erinnert uns an unser Grundbedürfnis nach Sicherheit und lehrt uns, sich vor Einmischungen, Missbrauch und Schmähungen zu schützen. Die eigenen Grenzen sind heilig und schirmen unseren ganz persönlichen Bereich ab. Jeder hat das Recht, darüber zu bestimmen, wer diesen Bereich betreten darf. Dabei kann es um einen physischen Raum oder um Gefühle, Geist und Seele gehen. Wenn wir ein freies und heiteres Leben führen wollen, ist es von grundlegender Bedeutung, dass wir lernen, unseren persönlichen Bereich zu schützen. Wir müssen wissen, wann und vor wem ein Schutz notwendig ist, uns aber auch irrealer Ängste und unbegründeten Misstrauens bewusst sein. Das Gürteltier lädt uns dazu ein herauszufinden, wo unsere Grenzen sind, und diese zu schützen. Gleichzeitig fordert es uns auf, die Grenzen anderer zu achten und immer um Erlaubnis zu bitten, bevor wir diese übertreten.

ZUM NACHDENKEN

- ~ Wo liegen deine Grenzen? Was beschützen sie?
- ~ Respektierst du die Grenzen anderer?
- ~ Sagst du Ja, wenn du Ja meinst, und Nein, wenn du Nein meinst?
- ~ Fährst du deine Schutzmauern hoch, auch wenn dies gar nicht nötig ist?

DAS PFERD

Freigeist

Stark, elegant und schnell wie der Wind. Das Pferd ist Sinnbild für Freiheit, Kraft und Edelmut. Es ist in der materiellen und physischen Welt ebenso verhaftet wie in der geistigen und begleitet seit jeher Ritter, Krieger, Herrscher, Heere, Priester und Gottheiten in dieser und in anderen Welten. Das Pferd ist sowohl mit den lunaren als auch den solaren Aspekten des Geistes verbunden. Außerdem wurde es schon immer mit Reichtum, Kostbarkeit, Verdiensten und Ansehen assoziiert. Dem Menschen war es stets ein treuer Begleiter, unverzichtbarer Helfer und ein leuchtendes Beispiel dafür, dass unsere Seele der Freiheit und Ungezähmtheit bedarf. Es gibt kaum ein treffenderes Symbol für Freiheit als ein Pferd, das alleine oder in der Herde über weite Steppen galoppiert. Zu Pferd konnten die Menschen bislang ungekannte Geschwindigkeiten erreichen – und sicherlich hat diese Erfahrung auch zur Erfindung unserer heutigen Transportmittel beigetragen. Pferde sind intelligente, ausgesprochen sensible, soziale, langlebige und extrem belastbare Tiere. Sie sind treue Kameraden, die enge Gefühlsbindungen zu denjenigen entwickeln, die sich um sie bemühen. Das Pferd lädt uns dazu ein, barfuß und mit im Wind wehenden Haaren über Wiesen zu laufen und uns von allem zu befreien, was uns einengt und uns von unserer wahren Natur fernhält. So können wir die Arme zum Himmel hin öffnen und der Welt zeigen, wer wir sind.

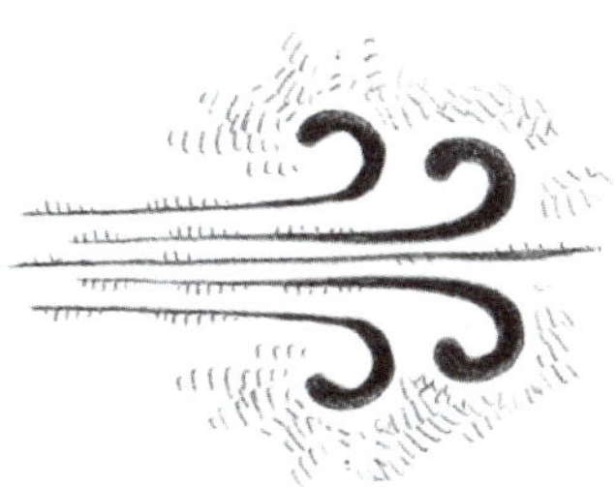

> Wir können nur ein gutes und glückliches Leben führen, wenn wir die Freiheit haben, wir selbst zu sein.

ZUM NACHDENKEN

- Fühlst du dich als Freigeist?
- Wie wichtig ist dir Freiheit?
- Fällt es dir schwer, du selbst zu sein, oder lässt du es zu?

DER HIRSCH

Wächter des Waldes

Der Hirsch ist Sinnbild für Majestät, Würde, Ausgeglichenheit, Stärke und Mut. Allein schon sein Auftritt mit hocherhobenem Haupt zeigt, wie stolz er ist, Teil der Wildnis zu sein und sie zu beschützen. Auch wenn er kein Raubtier ist, tritt er furchtlos auf, denn er ist schnell und kann sich ausgezeichnet verteidigen. Vielleicht war genau das der Grund, weshalb bei der heiligen Jagd während der keltischen Fruchtbarkeitsriten rund um Beltane ein Hirsch erlegt werden musste – nur so konnte der Jäger seine Entschlossenheit und seinen Wert unter Beweis stellen. Der Hirsch ist ein friedliches Wesen und kämpft nur in der Brunftzeit, wenn es darum geht, die Weibchen zu beeindrucken. Dabei nutzt er sein mächtiges Geweih, das wie die Bäume einem Jahreszyklus unterworfen ist. Nach der Paarungszeit im Herbst verliert der Hirsch sein Geweih, das im Frühling dann wieder nachwächst. Das Hirschgeweih galt schon in vorgeschichtlicher Zeit als heilig. Cernunnos, der keltische Gott der Wildnis, wurde mit Geweih dargestellt, und die alten Schamanen benutzten das Hirschgeweih für ihre Riten. Für sie galt der Hirsch als Verbindung zur göttlichen Welt der Träume. Der Hirsch lehrt uns, unsere tiefe Verbundenheit mit der Natur sowie die gleichzeitig in uns wirkenden göttlichen, spirituellen, physischen und magischen Aspekte bewusst wahrzunehmen. Er lädt uns dazu ein, das Leben in uns zu wahren und zu schützen und mit friedvollem und königlichem Geist zu ehren. Außerdem ermahnt er uns, nur für das zu kämpfen, was das Leben und den Fortbestand des Lebens sichert.

Schütze das, was kostbar ist, mit fester Entschlossenheit, offenem Herzen und ruhigem Geist.

ZUM NACHDENKEN

- Bist du stolz, Teil der Natur zu sein? Zeigst du diesen Stolz mit hocherhobenem Haupt?
- Für welche Bereiche deines Lebens und des Lebens im Allgemeinen fühlst du dich als Wächter verantwortlich?
- Welche Bedeutung hat die Natur für dich? Welche Beziehung hast du zu ihr?

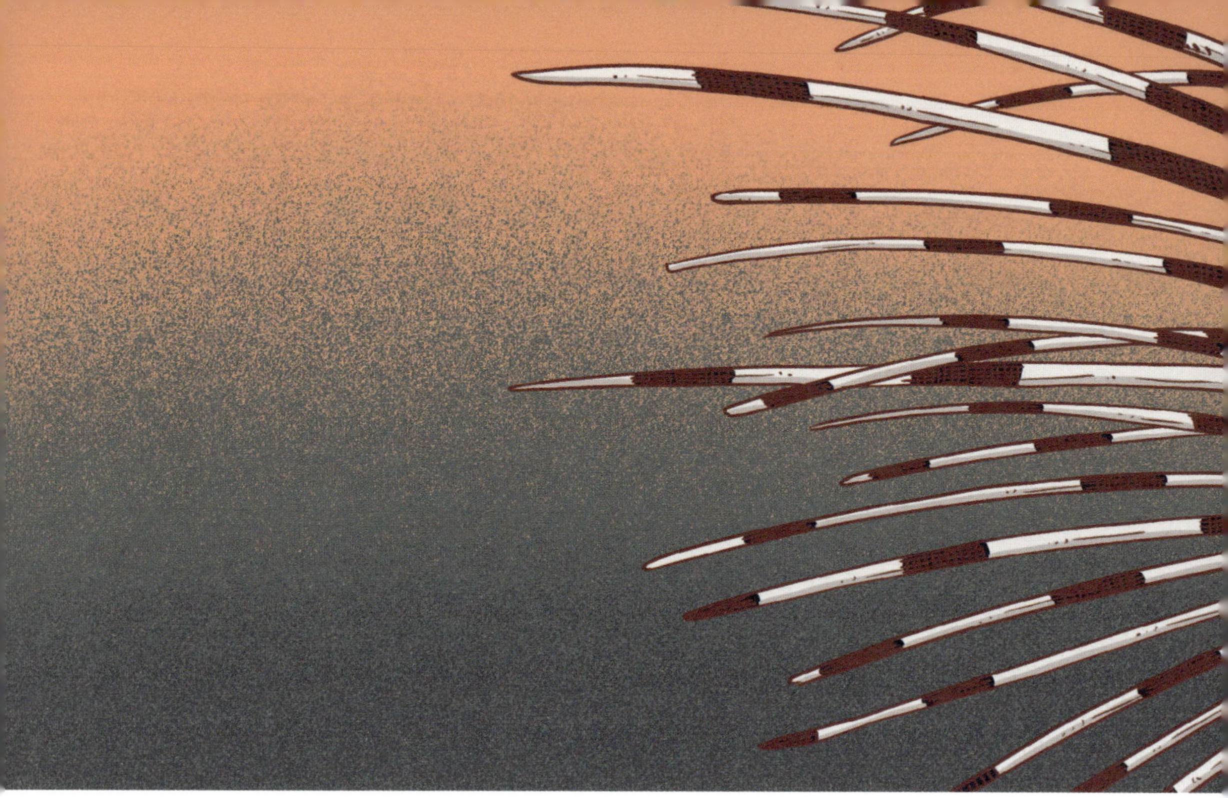

DAS STACHELSCHWEIN

Sanfte Berührung

Das Stachelschwein ähnelt der stacheligen Distel: Wenn man es sanft berührt, sticht es nicht. Es zeigt uns, wie wichtig es ist, behutsam zu sein, wenn wir uns anderen nähern und mit ihnen in Kontakt treten. Es erinnert uns daran, dass unser Herangehen, je nachdem ob sanft oder forsch, unterschiedliche Reaktionen bei anderen hervorruft und dazu führt, dass diese sich uns öffnen oder aber sich verschließen, verteidigen oder angreifen. Wie Schildkröte und Gürteltier besitzt das Stachelschwein ein körpereigenes Verteidigungssystem, das es nur einsetzt, wenn es bedroht wird. Die Stacheln sind sein Fell.

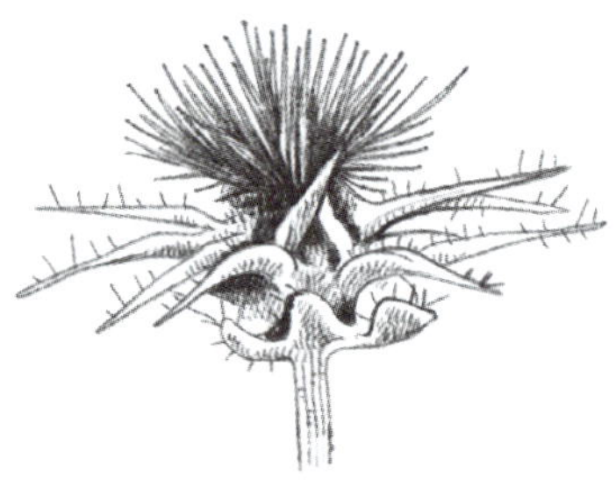

Wenn du freundlich, sanft und behutsam vorgehst, wirst du den Weg des Herzens deutlich erkennen können.

Wenn es das Fell sträubt, wirkt es größer und jagt so seinen Fressfeinden Angst ein. Anders als sein Aussehen vermuten lässt, ist sein Charakter keineswegs stachelig oder abweisend – Stachelschweine sind friedliche, verspielte und freundliche Wesen, die meist nachts bei Mondschein unterwegs sind. Das Stachelschwein lehrt uns, in unsere Stärken zu vertrauen und in unsere Fähigkeit, uns um uns selbst zu kümmern. Seine Botschaft lautet, dass sich alles zum Guten entwickeln wird, weil wir wissen, dass das Leben uns nur vor Herausforderungen stellt, die wir auch meistern können. Es fordert uns auf, uns nicht von Menschen einschüchtern zu lassen, die abweisend und grimmig wirken, denn auch in ihnen wohnt ein Kind, das spielen und gehört werden will. Sie stellen ihre Stacheln nur auf, wenn sie verletzt sind und sich verteidigen wollen. Wenn wir behutsam vorgehen und dabei sanft und aufrichtig kommunizieren, wenn wir beruhigend und nicht bedrohlich wirken, können wir sie erreichen.

ZUM NACHDENKEN

- Wenn sich jemand dir gegenüber feindselig verhält – fühlst du dich dann verletzt und greifst ihn an, oder versuchst du, behutsam mit ihm in Kontakt zu treten?
- Ist dir bewusst, dass du deine energetischen Stacheln immer dann ausfährst, wenn du dich verletzt und schutzbedürftig fühlst?
- Hast du gelernt, die Wunden der anderen sanft zu berühren?

DER PUMA
Anführer

Elegant, wendig und schnell. Dieses große nachtschwarze Katzentier trägt die Kraft der Berge, die Kraft des Anführers in sich. Der Puma zeigt uns, dass ein Anführer vom Leben gewählt wird, indem es ihn mit den nötigen Führungseigenschaften ausstattet: persönliche Stärke, gepaart mit Autorität. Es ist nicht einfach, diese beiden Kräfte in Einklang zu bringen, aber irgendwann wird es uns wie von selbst gelingen, wenn wir nur ausreichend an uns arbeiten und unsere Führungsrolle als selbstverständlichen Teil unseres Lebenswegs annehmen. Ein Anführer muss in der Lage sein, sich um sich selbst und um andere zu kümmern. Er muss die Entwicklung der anderen respektieren, um nicht zum Elternersatz zu werden, an den sie ihre Selbstverantwortung abgeben. Er darf die anderen also nicht einfach aus schwierigen Situationen retten, sondern muss sie dabei unterstützen, selbstständig Lösungen zu finden, sodass sie gestärkt, unversehrt und aus eigener Kraft daraus hervorgehen. Wenn ein Anführer sein Ego nicht der Kraft seiner Seele unterworfen hat und selbst noch zu viele offene Wunden mit sich trägt, wird er Abhängige heranziehen und keine freien Menschen. Er wird sich unangemessenen Vorteil verschaffen und anstelle von Licht Dunkelheit ins Leben der anderen tragen.

Andere zu führen bringt eine große Verantwortung mit sich. Die Fähigkeit eines Anführers zeigt sich darin, ob er in der Lage ist, dieser Verantwortung gerecht zu werden.

ZUM NACHDENKEN

- **Hast du das Gefühl, dass es Teil deines Lebenswegs ist, andere zu führen?**
- **Betrachtest du dich selbst als Anführer (vielleicht auch nur in der Familie)?**
- **Respektierst du als Anführer die anderen, oder zwingst du ihnen deinen Willen auf?**
- **Versuchst du, die Verantwortung zu vermeiden, die auf dir als Anführer ruht?**

DER LÖWE

Majestätischer Herrscher

Mit seiner mächtigen Mähne und seinem selbstbewussten Blick ist der »König der Tiere« zum Wahrzeichen zahlreicher Königreiche, Dynastien und Staaten geworden. Als Symbol für Herrschaft, Reichtum, Macht und Autorität ziert er zahlreiche Wappen und Flaggen. Im Tierkreis ist er der Sonne zugeordnet und steht für deren Macht, die sich in der männlichen Schöpfungskraft manifestiert. Er ist der Archetypus des Herrschers, des Anführers ganzer Völker und Nationen, der sehr viel enger mit dem kosmischen Bewusstsein verbunden ist als alle anderen. Außerdem steht er für die tief in uns verwurzelte Kraft der Weisheit, die uns zentriert und durch die wir vermögen, für ein höheres Wohl Risiken und Verantwortung zu übernehmen. Der Löwe lädt uns dazu ein, unsere Angst zu überwinden, der Welt zu zeigen, wer wir wirklich sind, und unser Licht noch heller und reiner leuchten zu lassen. Er fordert uns auf, die Majestät unserer Seele und das Göttliche in uns anzuerkennen und uns entsprechend zu verhalten. Wie Könige und Königinnen sollen wir – in steter Verbindung mit unserem Herzen – unsere Schattenseiten integrieren und von dieser Position der Fülle aus unsere Stärke manifestieren. Mit unseren Talenten und Gaben sollen wir unserem Königreich dienen, nicht indem wir die uns eigene Macht an andere abgeben, sondern indem wir unsere inneren Widerstände überwinden, unser Licht leuchten lassen und unsere Schönheit in den Dienst aller stellen.

Wenn ich mich den Herausforderungen stelle, wächst mein Mut, und meine Ängste verwandeln sich in Stärke – vor allem in seelischer, aber auch in physischer Hinsicht.

ZUM NACHDENKEN

- Bist du Herr deines Lebens?
- Hast du ein Löwenherz? Bist du stark, entschieden und mutig?
- Lässt du dich in Sachen Souveränität von der Sonnenkraft deiner Seele führen?

DER TIGER

Einzelkämpfer

Der Tiger ist ein beharrliches, geduldiges und ausdauerndes Raubtier. Sein Jagdzug beginnt bei Sonnenuntergang, und er gibt nicht auf, auch wenn er seine Beute nicht beim ersten Versuch erwischt. Er kann Stunden damit verbringen, sein Ziel zu verfolgen. Der Einzelgänger unter den Vertretern der Felidae geht allein auf Jagd und verteidigt allein sein Revier. Seine Eigenständigkeit ist ein wesentlicher Charakterzug, und als Totemtier bringt er die Medizin der Unabhängigkeit. In der indischen Mythologie wird der Tiger mit Schutz- und Kriegsgottheiten wie Durga, Kali, Bhairava, Kartikeya oder Narashima assoziiert und gilt als Symbol der inneren Kraft. Der Tiger zeigt uns, wie wir uns zu freien und unabhängigen Erwachsenen entwickeln können, die in sich ruhen und in der Lage sind, für sich zu sorgen und die eigenen Bedürfnisse zu erfüllen – denn ein unabhängiger, erwachsener Mensch kennt sich selbst und seine Bedürfnisse und kann diese stillen. Er delegiert die Verantwortung für sein Wohlergehen und seine Pflichten nicht an andere, sondern kümmert sich selbst darum. Gleichzeitig belastet er sich nicht damit, sich um die Bedürfnisse anderer zu kümmern, und geht

keine Beziehungen mit anderen ein, die zu Abhängigkeit führen. Wenn ein Mensch zu früh im Leben, also bereits im Kindsalter, unabhängig werden muss, kann das zu emotionalen und psychischen Verletzungen führen, zu dem Gefühl, man müsse alles selbst in die Hand nehmen, könne nicht um Hilfe bitten und sich anderen nicht anvertrauen. In diesem Fall wird die Unabhängigkeit zu einer Falle, die zu erzwungener Einsamkeit führt. Gelingt es jedoch, neben der Unabhängigkeit auch die Fähigkeit zu entwickeln, um Hilfe zu bitten, kann diese Medizin eine enorme Kraft entfalten.

Ich gehe Beziehungen ein, aber mache mich von niemandem abhängig und mache auch niemanden von mir abhängig, denn ich bin vollständig erwachsen und eigenständig.

ZUM NACHDENKEN

- ~ **Fühlst du dich erwachsen und unabhängig?**
- ~ **Was bedeutet das für dich?**
- ~ **Kannst du um Hilfe bitten, wenn dies nötig ist, oder willst du alles um jeden Preis selbst tun?**
- ~ **Pflegst du deine innere Stärke?**

DER FUCHS
Gewitztheit

Im Volksglauben gilt der rostrote Fuchs als schlau und listig – und im negativen Sinne durchaus auch als arglistig und manipulativ. In der nordischen Mythologie wird er zum Beispiel mit Loki assoziiert, dem Gott der Täuschung, und in der chinesischen Mythologie mit Daji, einer Konkubine des Königs Zhou, die als boshaft und lügnerisch angesehen wurde. Wenn wir diese Vorurteile überwinden, entdecken wir die Medizin des Fuchses, nämlich die Fähigkeit, sich seinen Zielen mit Schläue heimlich und ungestört zu nähern. Er lädt uns ein, unseren Verstand und unsere Kreativität einzusetzen, uns an Herausforderungen zu freuen und uns geschmeidig und unbekümmert an die unerwarteten Wendungen des Lebens anzupassen. Seine Medizin ist ausgesprochen kostbar, wenn es darum geht, unseren Kummer in kreative Kraft umzuwandeln. Der Fuchs ist intelligent, intuitiv, strategisch, beharrlich und unabhängig. Er ist schnell im Denken und Handeln und offen für Überraschungen. Er liebt die Herausforderung, trickst jeden, der sich ihm in den Weg stellt, aus und spottet allen Widrigkeiten. Er weiß, dass Überraschungen Teil des Lebens sind, und betrachtet sie als Unterhaltung und Herausforderung zum Spiel. Sein Vorbild lehrt uns, dem Wind ähnlich mit Anmut und Leichtigkeit durch jede Situation hindurchzugleiten, uns nicht von Äußerlichkeiten täuschen zu lassen und Vertrauen in unsere Intuition zu entwickeln.

Ich entziehe mich den Blicken derjenigen, die meinem Wachstum im Weg stehen, denn ich will auf dem Weg zu meinem Ziel keine Zeit vergeuden.

ZUM NACHDENKEN

- Betrachtest du das Leben als Spiel?
- Stressen dich Schwierigkeiten, oder betrachtest du sie als unterhaltsame Herausforderungen?
- Kannst du kreative Lösungen finden, oder folgst du vorgegebenen Mustern?
- Setzt du auf Gerissenheit, oder betrachtest du sie voreingenommen und ablehnend?
- Kannst du dich leicht an überraschende Wendungen anpassen?

DAS EICHHÖRNCHEN

Vorausschauender Sammler

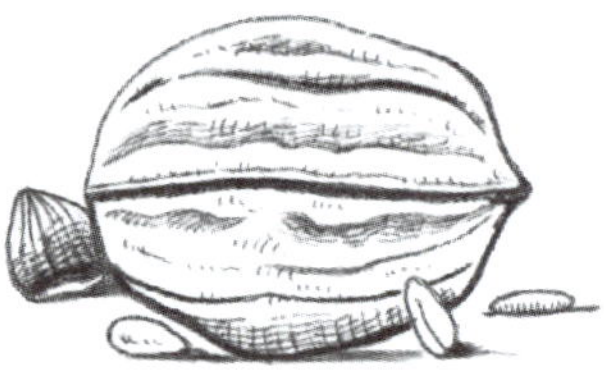

Das kleine Eichhörnchen bringt uns eine großartige Medizin: die Kunst des Sammelns und Aufbewahrens. Das niedliche Nagetier ist anmutig und aktiv. Wir können es oft dabei entdecken, wie es gerade seine geliebten Haselnüsse knabbert oder schnell wie der Blitz auf Bäume klettert und dort von Ast zu Ast springt.

Ich nehme voller Dankbarkeit an, was Mutter Natur mir schenkt, und gebe von dem, was über meine Bedürfnisse hinausgeht, voller Liebe an andere ab.

Sein buschiger Schwanz dient dazu, durch die Luft zu segeln und dabei Geschwindigkeit und Richtung zu steuern. Obwohl es keine Flügel hat, scheint es zu fliegen, und es versetzt jeden in Staunen, der das Glück hat, ihm dabei zuzuschauen. Es ist ein weises Tier, das schon in der Fülle des Spätsommers an den kargen Winter denkt. Seine Sammelleidenschaft beruht nicht auf Furcht vor Mangel, sondern auf tiefem Respekt gegenüber den Zyklen von Mutter Natur. Es kennt den Lauf der Jahreszeiten und folgt ihm ganz bewusst. Es lehrt uns, die Fülle zu nutzen und uns mit weitsichtigem Blick auf den Zeitenwandel und auf Kommendes vorzubereiten. Wir sollen Energie, Ressourcen, Wissen und Geld in der Menge sammeln, die wir benötigen, und ganz bewusst auswählen, was wir behalten wollen und was nicht. Das Eichhörnchen verbirgt seine Schätze an Orten, an denen sie vor dem Zugriff etwaiger Profiteure geschützt sind. Das kann uns als Vorbild dienen, wenn wir vermeiden wollen, dass unsere Mühen umsonst sind.

ZUM NACHDENKEN

- ~ Was musst du erlangen, um die Zukunft nach deinen Wünschen zu gestalten?
- ~ Bist du in der Lage, das, was du benötigst, zu sammeln?
- ~ Bist du bereit loszulassen, wenn du mehr gesammelt hast, als du benötigst?
- ~ Bist du bereit zu teilen, oder umklammerst du deinen Besitz und willst alles für dich behalten?

DER HASE

Fruchtbarkeit

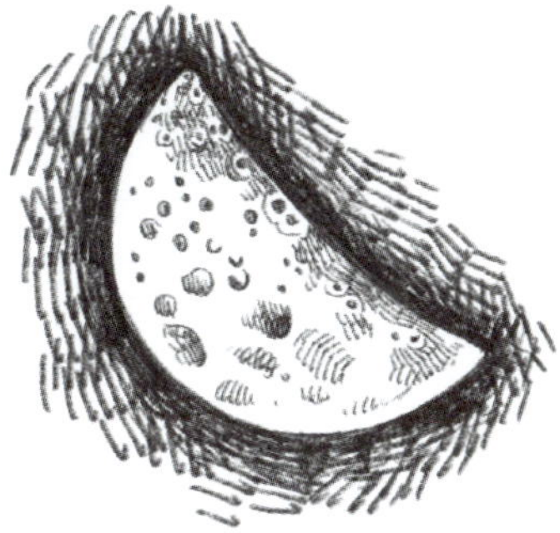

Der Hase wird mit Ostara in Verbindung gebracht, der Göttin der Morgenröte und der Tagundnachtgleiche im Frühling. Er ist ein Sinnbild für die Fruchtbarkeit von Mensch, Tier und Erde und wird dem zunehmenden Mond, also dem Osten, zugeordnet sowie der Phase vor dem Eisprung und – auf dem weiblichen Medizinrad – dem Archetypus der Jungfrau. Er steht für Neuanfang und das Erwachen des Lebens, das jeden Samen dazu bringt, zu sprießen, zu grünen, zu blühen und dann im Fortschritt der Jahreszeiten Früchte zu tragen. Der Hase ist schnell, aufmerksam, furchtsam und entschieden. Er hat lange Ohren und kräftige Pfoten, ernährt sich nur von Gras und Kräutern und ist heimlich im Mondlicht unterwegs. Nach einer taoistischen Legende lebt der Hase auf dem Mond und zerstößt dort im Schatten eines Feigenbaums das Kraut der Unsterblichkeit in einem Mörser. Tatsächlich ist der Hase ein Symbol für Langlebigkeit – eine Eigenschaft, die auch oft mit Fruchtbarkeit assoziiert wird. Hasen paaren sich mehrmals im Jahr und sind bekannt für ihre zahlreiche Nachkommenschaft. Wenn etwas den Hasen erschreckt, hält er in seinem Lauf inne und wird so für seine Fressfeinde unsichtbar, weil die vor allem seine Bewegung wahrnehmen. Aus seiner Warteposition heraus beobachtet der Hase die Situation so lange, bis der beste Moment zur Flucht gekommen ist. Er ist uns ein Vorbild darin, uns von der belebenden, fruchtbaren Energie des Frühlings durchströmen zu lassen und uns den Kräften der Schöpfung zu öffnen, sodass wir selbst Quelle neuen Lebens werden.

Lass aus mir alles hervorgehen,
was das Leben vorgesehen hat.
Bereite in mir ein Nest für alles
Neue, das kommen möchte.

ZUM NACHDENKEN

- Fühlst du dich in deinem Leben momentan so fruchtbar wie der Frühling? Wie sieht es zu anderen Zeiten aus?
- Wie sehr ängstigt dich die Energie des Neubeginns?
- Hast du gelernt, diese Energie willkommen zu heißen?

DER HAHN

Tägliche Erinnerung

Der Hahn ist Sinnbild für Virilität, Männlichkeit und Kraft. Er wacht und herrscht über seine Hennen wie ein Sultan über seinen Harem. Er verteidigt sein Revier, wenn nötig auch aggressiv, und beschützt seine Küken. Er definiert klare Hierarchien innerhalb der Hühnerschar und zieht bei der Balz eine wahre Show ab. Aus patriarchalischer Sicht ist er der Prototyp des Männlichen. In der griechischen Mythologie wohnt er der Geburt von Artemis und Apollo bei und wird daher sowohl mit der Gottheit der Sonne als auch der des Mondes assoziiert. Es ist also kein Zufall, dass der Hahn mit seinem

Rituale dienen dazu, unsere Zeit einzuteilen und uns an die wichtigen Dinge zu erinnern. Wir können sie dazu nutzen, unsere Erinnerung wachzuhalten.

lauten Schrei den Tag ankündigt, wenn nach der Nacht die Sonne wieder aufgeht. Der Hahn lehrt uns, vorausschauend und kontrolliert zu handeln, Disziplin zu üben und uns auf das zu konzentrieren, was für uns wichtig ist. Er lädt uns dazu ein, aufzuwachen und bewusst im Moment zu leben, weil die Schlafenszeit vorüber ist und eine neue Zeit anbricht, in der unser Beitrag benötigt wird. Er erinnert uns daran, dass wir die Verantwortung für unser Handeln übernehmen müssen.

ZUM NACHDENKEN

- ~ Steht dein Tagesrhythmus im Einklang mit dem Wechsel von Licht und Dunkelheit?
- ~ Bist du ein Frühaufsteher?
- ~ Schreibst du deine täglichen Aufgaben in deinen Kalender und bereitest dich am Morgen damit auf den Tag vor?
- ~ Wie sieht für dich der perfekte Morgen aus?

DIE ANTILOPE

Bewusstes Handeln

Dieses anmutige Tier mit langen, gewellten Hörnern grast in riesigen Herden auf den weiten Ebenen Afrikas, Asiens und Amerikas. Wenn die Antilopen ein Raubtier in der Nähe wittern, suchen sie so schnell wie möglich das Weite. Ihre Verteidigung ist ihre Schnelligkeit – und als Beutetier nutzen sie diese zur Flucht. Antilopen sind intelligente und weise Tiere, die vor Energie nur so sprühen. Sie sind uns ein Vorbild dafür, auch in stressigen Situationen auf unsere Stärken und unser Können zurückzugreifen, um zu überleben und zu wachsen. Sie laden uns dazu ein, schnell und wendig auf Schwierigkeiten und Hindernisse zu reagieren, so rasch wie möglich eine Lösung für unser Problem zu finden und es damit in eine neue Chance umzuwandeln. Die Antilope fordert uns auf, zu handeln, uns zu bewegen und dabei bewusst vorzugehen, genau hinzuhören, sich selbst und das Umfeld neutral zu betrachten und unsere Angst in Stärke, Entschlossenheit und Mut zu verwandeln. Die Antilope schiebt nichts auf die lange Bank, weist nichts zurück, delegiert nichts. Sobald sie sich entschieden hat, etwas zu tun, handelt sie. Sie zaudert nicht, wenn sie zwischen unterschiedlichen Möglichkeiten wählen muss, weil sie weiß, was richtig ist und wie sie vorzugehen hat. In perfekter Harmonie vereint sie die Stimmen von Körper, Seele und Geist in sich, sodass diese eins werden und sie leiten. In vielen Kulturen ist sie Sinnbild für verantwortungsvolles Handeln, körperliche Stärke und geistige Beweglichkeit.

Wenn ich weiß, was ich tun muss, und entsprechend handle, verschwinden die Ängste im Licht dieses Bewusstseins.

ZUM NACHDENKEN

- Was willst du angesichts deiner verfügbaren Ressourcen mit deinem Leben anfangen?
- Wenn du ganz deutlich fühlst, was getan werden muss – stellst du dich dann der Verantwortung und handelst?
- Wenn dir nur noch wenig Zeit bliebe, was würdest du vor dem Tod noch machen?
- Was schiebst du schon seit langer Zeit vor dir her?
- Folgst du einer Richtung? Was ist der erste Schritt, den du unternehmen musst?

DIE GIRAFFE

Das Herz weit werden lassen

Mit ihren langen Beinen und ihrem langen Hals streift die Giraffe frei, sanftmütig und friedlich durch die Savanne. In Afrika gilt sie als Botin der Götter, als eine Brücke zwischen Himmel und Erde, die Frieden und Harmonie mit sich bringt. In Somalia wird dasselbe Wort für »Giraffe« und für »Lächeln« verwendet. Die Giraffe gilt als ausgesprochen empfindsam, geduldig, intuitiv und unternehmungslustig. Mit ihrem langen Hals symbolisiert sie die Fähigkeit, sich über Mangel und Elend hinaus zu Gnade, Glückseligkeit und göttlicher Liebe zu erheben, mit den Augen der Seele zu

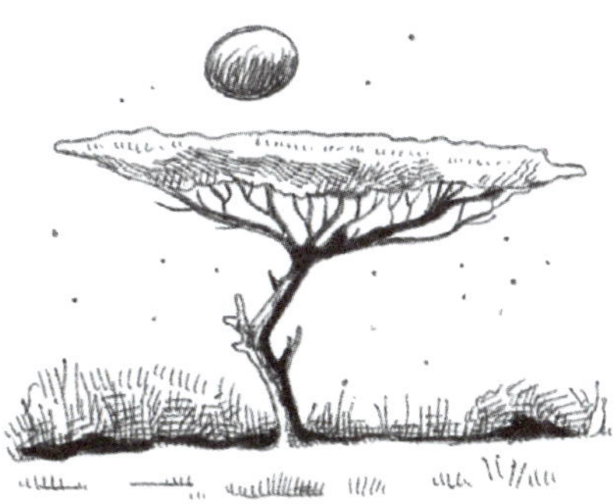

Wenn ich weiß, was ich tun muss, und es auch tue, werden alle Ängste im Licht dieses Bewusstseins verschwinden.

sehen und so wertvolle Eigenschaften wie Mitgefühl, Verständnis, Offenheit, Unvoreingenommenheit und Freundlichkeit zu entwickeln. Marshall Rosenberg wählte die Giraffe als Sinnbild für sein Konzept der Gewaltfreien Kommunikation, die er tatsächlich als »Giraffensprache« bezeichnet. Grund dafür ist, dass die Giraffe das größte Herz unter den Tieren hat und dass es bei der Gewaltfreien Kommunikation darum geht, mit Mitgefühl und zugewandtem Herzen zu kommunizieren. Die Giraffe lädt uns ein, unser Herz zu erheben und mit hocherhobenem Kopf auf dem Pfad der Liebe zu wandeln, damit die Weisheit unserer Seele alles um uns herum erleuchten lässt.

ZUM NACHDENKEN

- ~ **Weitet sich dein Herz, weil es voller Liebe ist, oder zieht es sich zusammen, weil es dir an Dankbarkeit fehlt?**
- ~ **Kannst du frei und mit hocherhobenem Kopf voranschreiten, oder trägst du eine Last mit dir herum, die das nicht zulässt?**
- ~ **Was siehst du, wenn du von der Höhe deiner Seele aus hinausblickst?**

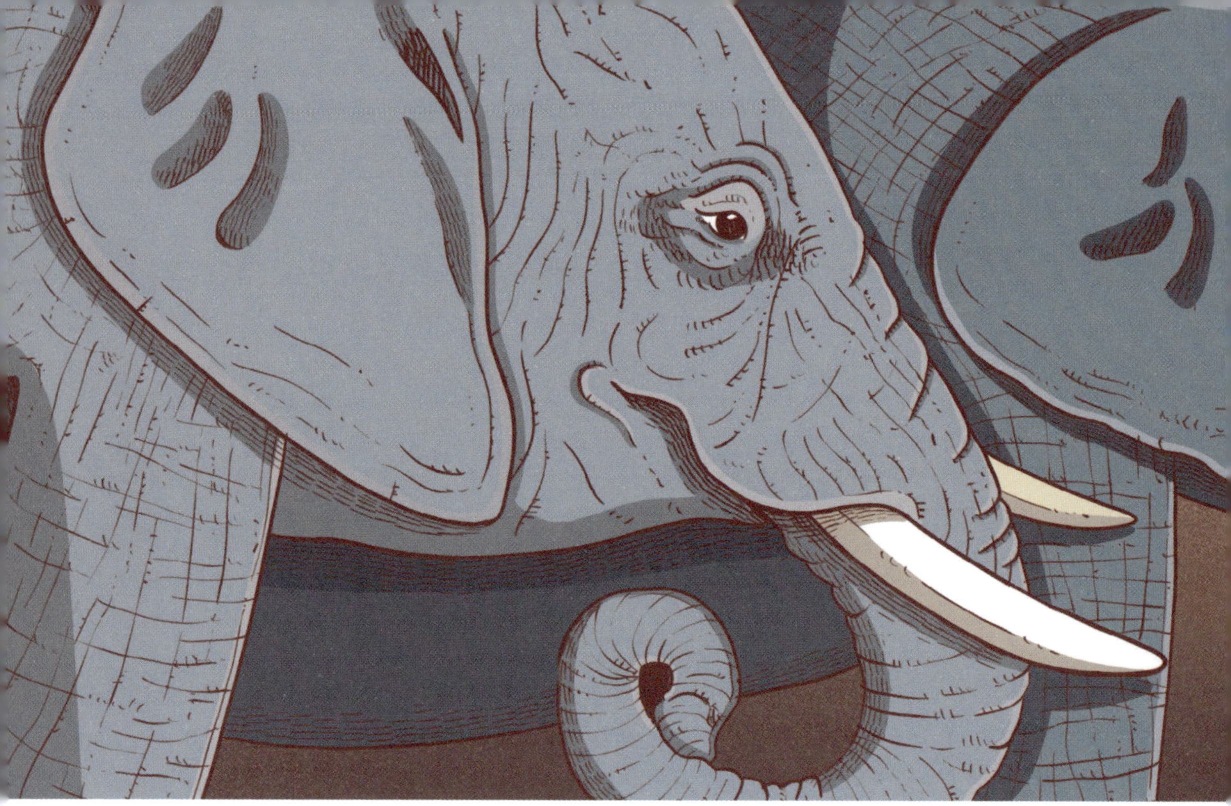

DER ELEFANT

Verletzlichkeit als Stärke

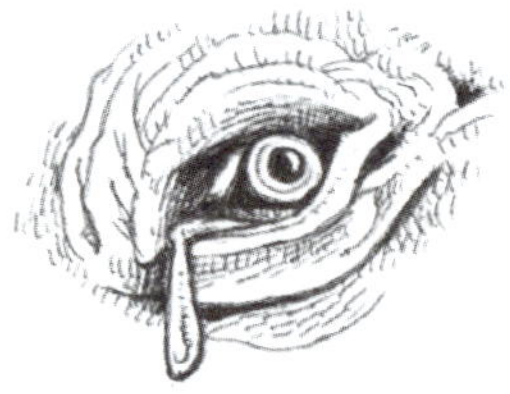

Ein indisches Sprichwort rät: »Wenn du alles grau in grau siehst, musst du den Elefanten zur Seite schieben.« Der Elefant wurde hier natürlich wegen seiner beeindruckenden Größe als Beispiel verwendet. Wie wir Menschen ist auch der neugierige, gefühlvolle und mitfühlende Elefant ein langlebiges Tier. Er verfügt über ein ausgezeichnetes Gedächtnis, nutzt seine enorme Kraft mit großer Weisheit und schützt die Verletzlichen. Er erkennt sich in seinem Spiegelbild und trauert, wenn ein Mitglied seiner Herde stirbt. Es gibt sogar Aufnahmen, auf denen weinende Elefanten zu sehen sind. Elefanten können ebenso viel Zuneigung und Mitgefühl erwecken, wie sie selbst zeigen. Der Elefant lehrt uns, alle unsere Gefühle wertzuschätzen, auch die unangenehmen wie Schmerz und Trauer. Er lädt uns dazu

ein, Tränen zum Teil unseres Alltags werden zu lassen. Sie sind Zeichen für ein lebendiges, berührbares und fühlendes Herz, das nicht durch zu starke Schutz- und Kontrollmauern verhärtet ist. Er zeigt uns, dass auch die stärksten Wesen Gefühle empfinden können – dass Gefühle nicht nur kleinen Kindern, sondern auch Erwachsenen erlaubt sind. Wenn wir mit unseren Gefühlen verbunden sind, schenkt uns das ein gutes Gedächtnis und die Fähigkeit, Beziehungen aufzubauen und die Welt durch unser Fühlen wahrzunehmen. Manchmal steht unser Fühlen dabei mit dem der anderen im Einklang, und in solchen Momenten entsteht der Zauber der Empathie.

Es ist ein Zeichen von Stärke, wenn wir unsere Verletzlichkeit und unsere Gefühle zeigen. Damit nehmen wir uns selbst und unser Leben an.

ZUM NACHDENKEN

- Wie stehst du zu deinen Gefühlen?
- Zeigst du dich verletzlich? Lässt du deinen Tränen freien Lauf?

DAS WILDSCHWEIN

Ungezähmte Kraft

In der keltischen Druidenkultur und der hinduistischen Mythologie ist das Wildschwein Sinnbild für das spirituelle Erwachen, für das volle Bewusstsein über die materielle und spirituelle Welt und für eine von Illusionen befreite Wirklichkeit. Trotz dieser Symbolik gilt das Wildschwein heute auch als unbequem, störend und invasiv, was besonders daran liegt, dass die Wildschweinpopulation aufgrund der fehlenden natürlichen Feinde unverhältnismäßig angestiegen ist. Für die Kelten war das Wildschwein ein wichtiges Geisttier: Sie trugen sein Bild auf ihren Schildern und Waffen, damit es ihnen in der Schlacht seine Kraft verlieh. In der griechischen Mythologie mussten die Helden sich würdig erweisen, indem sie gegen riesige Wildschweine kämpften, die für Widerstandsfähigkeit, Vergeltung und eine ungezähmte, brutale Kraft standen. Das Wildschwein lehrt uns, wie wir uns mit dieser Kraft verbinden können, wenn wir uns verloren, verwirrt, erschöpft und ermattet fühlen. Es weist uns den Weg in die Wildnis, der durch Gestrüpp und Wälder und über feuchte, dunkle Erde führt. Wenn wir diese Wildnis erst einmal in uns entdeckt haben, müssen wir sie schützen, weil sie unsere innere Kraft weckt und uns nährt.

> Wenn alles verloren scheint, dann kehre zurück zur Wildnis in dir, dort wirst du die nötige Kraft schöpfen, um wieder deine Mitte zu finden.

ZUM NACHDENKEN

- **Bist du verteidigungsbereit, stolz und unbezähmbar, wenn es darum geht, Kostbares zu schützen?**
- **Erschreckt dich deine innere Wildheit?**
- **Handelst du so, dass sich die Kraft des Wildschweins in dir entfalten kann?**

DER SCHIMPANSE

Neugieriger Kletterer

Kein Tier ähnelt dem Menschen in Aussehen und Verhalten so sehr wie der Schimpanse. Er verfügt über eine dem Menschen vergleichbare Intelligenz und Lernfähigkeit, benutzt Werkzeuge und kommuniziert und fühlt wie wir. In der westlichen Kultur gilt er als Sinnbild für instinktgesteuertes Verhalten, für die Todsünden und für das menschliche Unter-Ich, den Spielball regel- und richtungsloser Impulse. In der buddhistischen Tradition hingegen ist der Schimpanse ein Symbol für Intelligenz, Sensibilität und Bewusstseinsentwicklung. Hier gilt das Tier, das uns evolutionär gesehen so nahesteht, also als besonders weise. Schimpansen sind verspielte, neugierige und lernfreudige Tiere, sie haben einen gesunden Sinn für Humor und treiben gerne Schabernack. Außerdem sind sie gesellige, kreative, spontane und freche Tiere. Der Schimpanse lädt uns dazu ein, unsere kindliche Neugier wiederzuentdecken und so das Leben sehr viel unterhaltsamer und spannender zu gestalten. Ohne Neugier können wir nichts Neues lernen. Wir brauchen Neugier, wenn wir Erfahrung sammeln und Abenteuer erleben, neue Gipfel erklimmen, neue Freundschaften schließen und uns für neue Liebe öffnen wollen.

Neugier befreit uns aus starren Denkmustern, sodass wir neue, zuvor undenkbare Dinge und Schönheit entdecken können.

ZUM NACHDENKEN

- ~ Warst du als Kind neugierig? Bist du es jetzt?
- ~ Kannst du spontane Impulse unterdrücken? Wie lebst du sie aus?
- ~ Siehst du Neugier als Gefahr oder als Chance?

GESCHÖPFE DES WASSERS

Die Geschöpfe des Wassers führen uns in unser Inneres, zu unseren Gefühlen und zu allem Verborgenen, das wir in uns tragen. Wasser kann sich immer den Weg zu seinem Ziel bahnen. Die Wasserwesen stehen für Bewegung, Übergang und Verwandlung, für Fluss und Stagnation. Sie laden uns ein, uns anzupassen, uns zu wandeln und zu erforschen, was wir mehr oder weniger bewusst tief im Inneren verbergen. Sie erinnern uns daran, dass wir selbst zu einem größeren Anteil Wassergeschöpfe sind, als es uns meist bewusst ist.

DER WAL

Hüter der Akasha-Chronik

Der Wal ist Hüter des uralten Wissens unserer Erde und verschafft uns als Führer durch die Sphären des Himmels Zugang dazu. Seine Medizin ist die Erinnerung. Er lädt uns ein, wie klares Wasser über unsere Gefühle hinwegzufließen und in uns selbst einen Raum der Stille zu öffnen, um so Wissen zu empfangen und zu vermitteln. In der Kultur der Inuit gilt er als heilig, als mächtiger Schutzgeist, als Geistführer der Fischer und spiritueller Vermittler zwischen der irdischen und der ozeanischen Welt. Das riesige Geschöpf durchquert alle Weltmeere – von den Tropen bis zu den Polarregionen –, und jede Walart hat ihren eigenen spezifischen Lebensraum. In zahlreichen Überlieferungen, darunter auch buddhistischen Legenden, heißt es, die Wale seien von den Sternen aus auf die Erde gekommen, um den Menschen zu helfen, auf ihrem spirituellen Weg voranzukommen und sich wieder mit der eigenen Seele zu verbinden. Von dort hat der Wal seinen Sternengesang mitgebracht, der unsere feinstofflichen Körper heilt und reinigt. Er lehrt uns, Klangfrequenzen zu nutzen, um Wissen zu übermitteln und in unsere Seele einzutauchen. Dieser weise Hüter spiegelt die Unermesslichkeit unseres höheren Selbst wider und zeigt uns, dass wir dieses höhere Selbst in Klang und Stille erreichen können. Seine Medizin besteht in der Aufforderung, unsere Stimme zu finden und ein Lied zu singen, das uns in himmlische Sphären trägt.

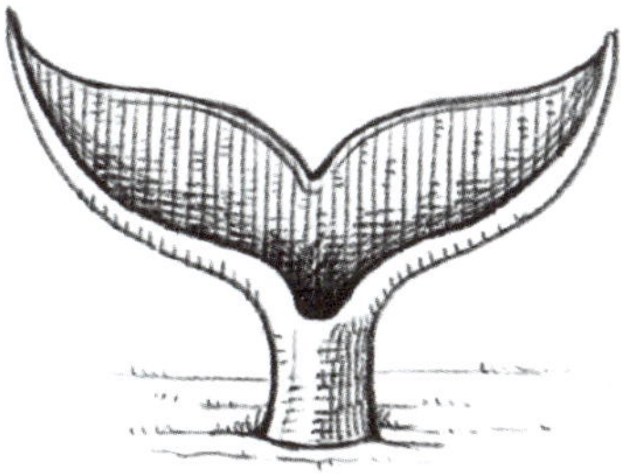

Finde deinen Klang und dein Lied. Öffne dich dem Wissen, das in deiner Seele schlummert.

ZUM NACHDENKEN

- Hast du dein Lied schon gefunden?
- Kannst du deine Stimme frei erheben?
- Erforschst du dein Innerstes, oder fürchtest du dich davor?

DER DELFIN

Ewiges Kind

Der Delfin gilt seit jeher als Freund und Vertrauter des Menschen. Die Völker rund ums Meer – dem Schoß von Mutter Erde, aus dem das Leben entsprang – kennen viele Geschichten, in denen der Delfin eine Hauptrolle spielt. Homer erzählt, wie Delfine ein Schiff mit kretischen Händlern zu dem Ort führten, an dem dann das geweihte Orakel von Delphi seinen Platz fand. Das Orakel war dem Apollo geweiht, dessen heiliges Tier und Verkörperung der Delfin ist. Der Name des Orakels ist auch von »delphis« abgeleitet, was im Altgriechischen sowohl Delfin als auch Uterus bedeutet. Der Delfin ist mit unserem inneren Kind verbunden, mit der pulsierenden, fröhlichen Energie, mit der wir uns mit spielerischer Begeisterung dem Abenteuer öffnen. Der Delfin macht aus der Notwendigkeit, immer wieder an die Wasseroberfläche zu kommen, um Sauerstoff zu atmen, ein köstliches Vergnügen, bei dem er die Leichtigkeit der Luft genießt und die Welt aus einem anderen Blickwinkel heraus betrachtet. Er sieht die Möglichkeiten, die diese Notwendigkeit ihm bietet, und öffnet sich ihnen. Er ist Vorbild für eine innere Haltung, die es erlaubt, Schwierigkeiten als Chance für Neuentdeckungen, Wachstum und die Suche nach Schönheit zu nutzen. Außerdem wird er aufgrund seiner spontanen und weisen Art der Sauerstoffaufnahme mit Atemtechniken in Verbindung gebracht, die uns auf unserem spirituellen Weg begleiten. Tatsächlich befindet sich der Delfin aufgrund seiner besonderen Art zu atmen in einem ständigen Zustand der Meditation und lebt so im Moment, in einer immerwährenden Gegenwart.

> Wiederholungen sind eine Illusion, wir müssen jeden Moment so leben, wie er wirklich ist: immer neu.

ZUM NACHDENKEN

- ~ Kannst du Freude und Dankbarkeit empfinden, einfach nur, weil du am Leben bist?
- ~ Bist du bereit für Zusammenarbeit und Altruismus?
- ~ Stehst du in Verbindung mit deinem inneren Kind? Gestehst du es dir zu, Spaß zu haben und zu genießen?
- ~ Bist du bereit für Spontanität?
- ~ Atmest du bewusst tief ein und schwungvoll wieder aus?

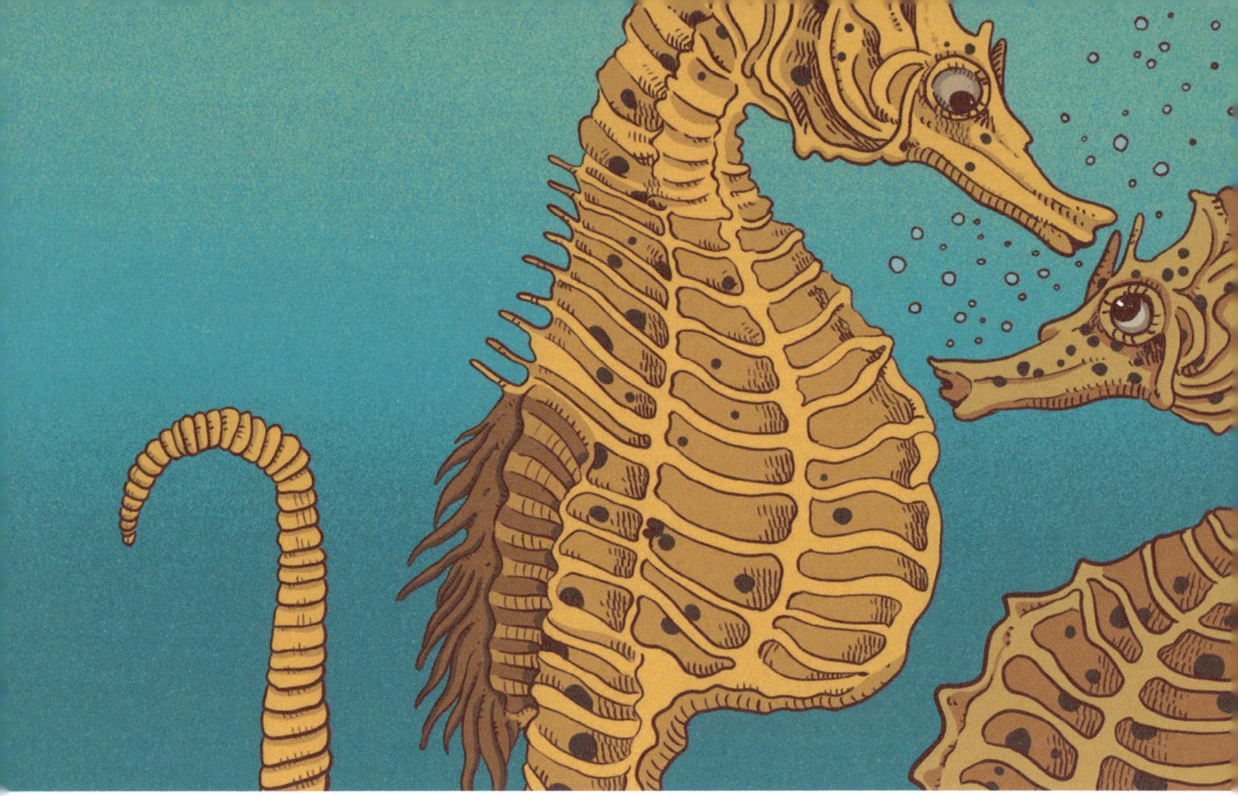

DAS SEEPFERDCHEN

Romantischer Liebhaber

Dieses Wesen sieht aus wie ein kleiner Meeresdrachen. Es ist gelassen, geduldig und in sich ruhend. Außerdem ist das Seepferdchen ein großer Romantiker und fürsorglicher Partner, der sich ein Leben lang bindet. Wenn einer der beiden Partner stirbt, sucht das überlebende Seepferdchen keine neue Beziehung, sondern widmet sein Leben etwas anderem. Um den Ursprung des Seepferdchens rankt sich eine Legende: Zwei verliebte Pferde wurden von Hunden bis zum Rand einer Klippe am Meer gejagt. Statt sich ihren Verfolgern zu stellen, beschlossen sie, ihrem Leben gemeinsam ein Ende zu setzen, und

Es gibt Schätze, die so kostbar sind, dass du keine weiteren suchen musst, wenn du sie gefunden hast.

sprangen zusammen in die Fluten. Doch während sie stürzten, verwandelten sich ihre Körper auf wundersame Weise, und sie nahmen die Form an, die wir heute von Seepferdchen kennen. Es heißt, dass sie seitdem in ehrenvollem Andenken an diese große Liebe ihre Beziehung mit Leidenschaft und tiefer Verbundenheit leben und als Paar zu einer festen Einheit zusammenwachsen, die sie schätzen und achten. Jeden Morgen tanzen sie mit ineinander verschlungenen Schwänzen, um ihre Liebe zu feiern und zu festigen. Bei den Seepferdchen trägt das Männchen die Kinder aus, nachdem das Weibchen ihm zahlreiche Eier in seine Bauchtasche gelegt hat. Das Seepferdchen symbolisiert Fürsorglichkeit und ist uns ein Vorbild dafür, Beziehungen zu pflegen und ein loyaler Partner für unseren Lebensgefährten zu sein. Es erinnert uns daran, dass die Liebe eines Paares täglich genährt und bestätigt werden muss und dass wir uns jeden Morgen wieder für unseren Partner entscheiden müssen, wenn wir die Flamme, die unsere Herzen verschmilzt, am Leben halten wollen. Wir müssen unsere Liebesversprechen, gemeinsamen Projekte und Zweisamkeit immer wieder neu aufleben lassen.

ZUM NACHDENKEN

- ~ **Wie sieht eine ideale Beziehung für dich aus?**
- ~ **Bist du bereit, die Liebe zu pflegen, die du für andere empfindest?**
- ~ **Welche Eigenschaften muss dein Partner besitzen?**
- ~ **Bist du romantisch?**

DER SEESTERN
Loslassen

In einer Vollmondnacht fielen Sterne mit vier, fünf, sechs, sieben und sogar acht Zacken ins Meer, um Licht und Hoffnung in die tiefsten Abgründe zu bringen. Atlantis selbst hatte sie gerufen, damit die Bewohner des Ozeans daran erinnert würden, dass sie bereits in vielen anderen Welten – auch den Sternenwelten – gelebt hatten und dass der Ozean nur eine ihrer zahlreichen Heimstätten ist. Die Sterne wurden zum Symbol, sich von den Strömen des Lebens treiben zu lassen, sich an nichts festzuklammern, sondern das Loslassen zu üben. Sie verbreiten diese Botschaft in den kristallklaren Wassern der Meere und Ozeane und üben eine große Faszination auf uns Menschen aus. Kaum sehen wir einen Seestern, wollen wir ihn ergreifen und uns so fühlen, als könnten wir Sterne vom Himmel holen.

Genieße alles Schöne in seiner Einzigartigkeit. Es wird dir an vielen Orten begegnen, aber es wird nie gleich sein.

Doch wir dürfen nicht vergessen, dass wir das Leben eines Seesterns zerstören, wenn wir ihn auch nur für wenige Sekunden aus dem Wasser holen – deswegen gilt für ihn genau das Gleiche wie für die Sterne, die hoch über uns am Himmel funkeln: Wir dürfen sie betrachten, aber nicht berühren. Der Seestern erinnert uns mit seiner Gestalt an den kosmischen Ozean der Schöpfung, er erinnert uns daran, dass oben wie unten ist, dass die Sterne am Himmel genauso leuchten wie auf dem Meeresgrund und dass wir in dunklen Momenten nach dem Licht in der Finsternis suchen können. So wird er zum Mentor unserer zahlreichen Leben, Familien und Erfahrungen. Interessanterweise ist der Seestern Venus zugeordnet – der Göttin der Schönheit, nach der auch der Planet benannt wurde, den wir als Morgenstern bezeichnen.

ZUM NACHDENKEN

- ~ Übst du in diesem Leben das Loslassen?
- ~ Denkst du, dass du nur auf diesem Planeten und in dieser menschlichen Form gelebt hast?
- ~ Üben die Sterne eine Anziehungskraft auf dich aus? An was erinnern sie dich?

DIE QUALLE

Sich treiben lassen

Die Qualle gehört zu den ältesten Lebewesen und birgt eine wichtige Medizin: die Fähigkeit, sich von den lebendigen Strömungen treiben zu lassen, die das ganze Universum am Laufen halten. Wenn wir diese Fähigkeit erlernen, erreichen wir die Leichtigkeit, die wir benötigen, um in Harmonie und Gelassenheit zu leben, frei von Hadern, Sorgen und zwanghaften Gedankenmustern. Wir lernen, die Vergangenheit sanft loszulassen und uns liebevoll der Zukunft zu öffnen. Damit dies gelingt, müssen wir Vertrauen ins Leben haben. Denn wie könnten wir uns jemandem anheimgeben, dem wir nicht vertrauen? Die Qualle ist eine Meisterin darin, sich anzuvertrauen. Sie steuert ihre Bewegungen nicht, sondern übergibt sich einfach den Strömungen und lässt sich von ihnen treiben. Sie gibt sich den Bewegungen des Wassers hin und wird Teil von ihm. Sie tut dies nicht etwa, weil sie nicht anders könnte, denn sie ist durchaus fähig, zu schwimmen und ihre Bewegung mit ihren Tentakeln in die gewünschte Richtung zu steuern – nein, sie lässt sich ganz bewusst treiben. Wenn man in ihre Bahn gerät und mit ihren Tentakeln in Berührung kommt, kann das mehr oder weniger schmerzhaft werden. Der runde Körper der Qualle ist von einer perfekten Symmetrie. Außerdem ist er durchsichtig und gibt den Blick auf ihr Inneres frei.
Sie lädt uns dazu ein, unseren Geist von Sorgen und einengenden Überzeugungen zu befreien, damit er ungebunden treiben kann. Die Qualle ist uns ein Vorbild dafür, Veränderungen mit Vertrauen, Anpassungsbereitschaft und offenem Herzen zu begegnen.

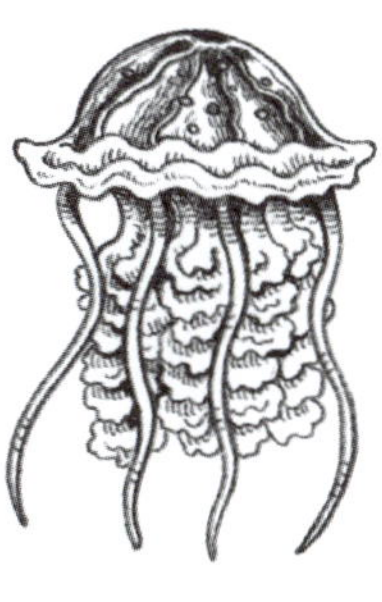

Beruhige deinen Geist, lausche auf die reine Stimme deines Herzens und vertraue dich den Strömungen des Lebens an. Sie werden dich dahin tragen, wo du hingehörst.

ZUM NACHDENKEN

- ~ **Wie gehst du mit Veränderungen um?**
- ~ **Wie sehr vertraust du dem Leben und dir selbst?**
- ~ **Bist du bereit, dich dem Leben anzuvertrauen?**

DER FROSCH

Mysterium der reinigenden Kraft des Wassers

Der Frosch ist nicht nur eine Amphibie, die im Wasser und an Land zu Hause ist – er durchläuft auch eine Entwicklung, die ihn schon vor Jahrhunderten zum Symbol für Anpassungsfähigkeit, Erneuerung und Schutz machte. In den alten Kulten ähnelten die weiblichen Urgottheiten oft Fröschen. Sie wurden mit Fruchtbarkeit und Geburt, aber auch mit Kreativität und Erneuerung assoziiert. In der ägyptischen Lehre von der Entstehung der Welt ist die froschgesichtige Heket die göttliche Mutter der Schöpfung und Schutzherrin von Fruchtbarkeit, Geburt

Reinige dich von dem, was dir nicht guttut, damit sich deine Lebensenergie erneuern kann.

und Wiedergeburt nach dem Tod. In Europa, Mittelasien und Südamerika wurden neusteinzeitliche Statuen in Froschgestalt entdeckt. Die gebückte Haltung, die gespreizten Beine und die hervorstehende Vulva dieser Statuen erinnert an die natürliche Geburtsstellung. Die Stadien, die der Frosch bei seiner Metamorphose durchläuft, können sinnbildlich mit den Stadien verglichen werden, die wir Menschen selbst durchlaufen: So wie wir im Uterus wächst auch der Frosch in einer wässrigen Umgebung heran, bis er bereit ist, diese zu verlassen und eigene Erfahrungen zu sammeln. Dabei bleibt er so anpassungsfähig wie das Wasser, dem er entsprungen ist. Mit seinem hypnotischen Gequake ruft er die Wasser des Himmels herbei, damit sie die Erde tränken und das Vertrocknete neu beleben, sodass der Schlamm nicht verhärtet und zur Falle wird. Der Frosch fordert uns dazu auf, unsere Energie zu erneuern, auf unsere Gefühle zu hören und uns treiben zu lassen. Er lehrt uns, die Tränen zu ehren, die wie geheiligtes Wasser aus unserem Körper strömen und ihn reinigen.

ZUM NACHDENKEN

- ~ Erlaubst du es dir, dich zu erneuern und von Beziehungen, Umgebungen und Dynamiken zu reinigen, die dir keinen Frieden und keine Harmonie schenken?
- ~ Gibt es etwas, das deine Energieströme austrocknen lässt?
- ~ Handelst du so, dass dein Geist zur Ruhe kommt?
- ~ Öffnest du dich und bittest Mächte um Hilfe, die größer sind als du?

DER SCHWAN
Schönheit des Vertrauens

Wer kennt nicht die Geschichte vom hässlichen Entlein? Alle hielten es für lächerlich, schmutzig, abstoßend und völlig unpassend inmitten der anderen Entenküken. Das lag daran, dass es in Wirklichkeit ein Schwan war, der seine eigene Entwicklung durchlaufen musste, die anders war als die seiner Nestgenossen. Diese hatten kein Verständnis für ihn, weil ihnen die entsprechende Erfahrung fehlte. Das hässliche Entlein konnte nichts anderes tun, als die Zeit verstreichen zu lassen, die nötig war, um aus ihm einen wunderschönen Schwan werden zu lassen, der graziös, elegant und in strahlendem Weiß endlich seine wahre Familie fand. Die Geschichte erzählt von dem geheimnisvollen Prozess der Wandlung und der Notwendigkeit zu vertrauen, um diesen Prozess durchlaufen und uns der Schönheit öffnen zu können. Der Schwan wird in der Literatur und im Theater besungen. Oft tritt er dort als Protagonist auf. Sein Aussehen hat ihn zum Symbol für Eleganz, Schönheit, Reinheit und Poesie werden lassen. Er schwimmt in reinen Gewässern, und seine Anmut erfreut den Blick. Er lädt uns dazu ein, uns liebevoll dem Leben anzuvertrauen und die Entwicklungen, die wir durchlaufen, als notwendige Schritte anzunehmen, um uns der unermesslichen Schönheit unserer Seele zu öffnen. Oft ist das, was wir durchlaufen, nicht einfach. Oft ist es sogar ausgesprochen schmerzhaft und unverständlich, aber das ist der Preis, den wir zahlen, um die Brücke zu überqueren und die verborgene Seite in uns zu entdecken, die schon so lange auf uns wartet.

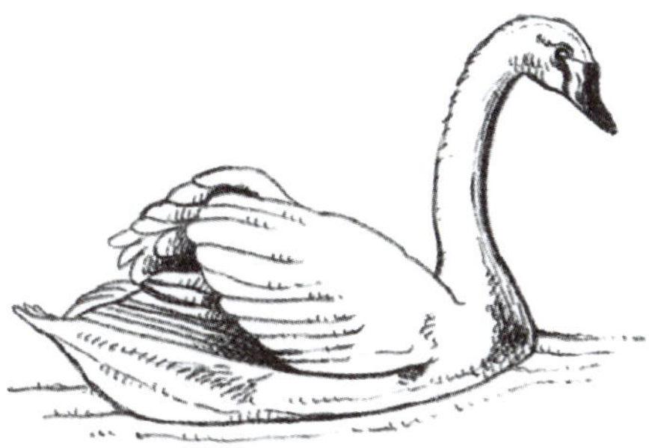

Sei geduldig und akzeptiere die Zeit, die für deine Entwicklung nötig ist, dann wird deine Schönheit erstrahlen.

ZUM NACHDENKEN

- ~ **Welche Wandlungsprozesse durchläufst du gerade?**
- ~ **Kennst du das Gefühl, wenn deine Schönheit nach einer Phase der Hingabe und Wiedergeburt neu erstrahlt?**
- ~ **Erlaubst du dir, geduldig zu sein und der Zeit zu vertrauen?**

DER HAI
Raubtier im Unbewussten

In Kinofilmen ist er das gefährliche Monster, das wie ein Dämon heimlich in der Tiefe lauert, um dann seine blutigen Überraschungsangriffe auf diejenigen durchzuführen, die sich freiwillig oder unfreiwillig ins Wasser begeben. Haie können wenige Zentimeter bis mehrere Meter lang sein und haben schon seit jeher Faszination und Furcht in uns geweckt. Doch das Tier, das so viele von uns in Angst und Schrecken versetzt, wird selbst immer mehr zum Beutetier des Menschen. Dieses Wesen mit den scharfen Zähnen, dem riesigen Maul und den schnellen Bewegungen ist bissig, entschlossen, berechnend, verstohlen, aggressiv, mächtig, eindrucksvoll und widerstandsfähig. In Polynesien und Australien sowie auf den Fidschi-Inseln und Hawaii werden einige Gottheiten in Haigestalt verehrt. Sie sollen die jeweiligen Orte und ihre Bewohner schützen. Der Hai ist ein Symbol für die Kraft des Raubtiers, das sich in unserem Unbewussten verbirgt und Schwierigkeiten, Anspannung und Schmerz auslöst, wenn es auftaucht. Tatsächlich ist der Hai jedoch ein Verbündeter von uns, der lediglich eine unangenehme Aufgabe übernommen hat. Er überprüft, ob wir unsere Lektion gelernt und verinnerlicht haben. Sein Erscheinen ist immer unangenehm und oft mit schmerzhaften Erkenntnissen verbunden – zum Beispiel, wenn wir alte Wunden in den Tiefen unserer Seele entdecken, die wir zuvor ausgeblendet hatten. Der Hai zwingt uns, diese Tiefen zu erforschen, sodass wir das dort Verborgene nicht mehr ignorieren können und uns endlich dazu aufraffen, uns darum zu kümmern. Dann können wir erneuert wieder auftauchen und den durchlebten Schmerz auf dem Grund zurückzulassen.

Irgendwann bist du bereit, und dann wirst du – wenn du es am wenigsten erwartest – von deinen Gefühlen überwältigt werden und in der Lage sein, deinen Schmerz zu sehen, anzuerkennen und zu überwinden.

ZUM NACHDENKEN

- Wie verhältst du dich, wenn alte Wunden wieder zu schmerzen beginnen?
- Erkennst du einen wertvollen Verbündeten, auch wenn er eine unliebsame Rolle für dich spielt – oder wirst du selbst zum Raubtier?
- Was macht dir Angst? Gehört der Hai dazu?

DER ORCA
Familienstammbaum

Der Orca lebt in engen Verbänden von mütterlicherseits verwandten Tieren, sogenannten Mutterlinien, die jeweils eine ganz eigene Kultur aufweisen. Während manche sesshaft leben, ziehen andere von Küste zu Küste und wieder andere unternehmen lange Reisen im offenen Meer. Jeder Verband hat seine eigene, komplexe Jagdstrategie und seinen eigenen Dialekt, die über Generationen hinweg weitergegeben werden. Jedes Mitglied des Verbands hat eine bestimmte Rolle und beteiligt sich in deren Rahmen an den Aktivitäten der Gruppe. Orcas sind kreativ, verspielt, langlebig und weise. Sie haben einen stark ausgeprägten Gemeinschaftssinn, zeigen sich gegenseitig ihre Zuneigung und arbeiten zusammen, um die gemeinsamen Ziele des Familienverbands zu erreichen.
Sie gelten als Schützer und Hüter der Familientraditionen und Familienlinien. In den Legenden der indigenen Kwakiutl-Nation in Nordamerika heißt es, dass einer ihrer Vorfahren bei einer

Waljagd vom Blitz getroffen worden und ins Wasser gefallen sei und sich daraufhin in einen Orca verwandelt habe. Die Orcas erinnern uns daran, dass jeder von uns einem komplexen Familienverband entstammt, der seine ganz eigenen Strategien und Traditionen entwickelt hat, um zu überleben und das Fortbestehen des Verbands zu sichern. Unser Familienstammbaum ist etwas Kostbares. Er symbolisiert unsere Wurzeln, und wenn wir ihn verstehen und annehmen, wird er zu einer unerschöpflichen Quelle des Wissens, der Weisheit und der Stärke, die aus der Erfahrung derer erwachsen, die vor uns kamen.

In deinen Wurzeln stecken die Kraft und das Wissen all derer, die vor dir kamen – pflege sie!

ZUM NACHDENKEN

- Wie stehst du zu deiner Familienlinie?
- Sind das Wissen und die Erfahrung deiner Vorfahren für dich etwas Kostbares, oder empfindest du sie als starke Einschränkung?
- Welches Verhältnis hast du zur Tradition?

DER SEEHUND

Vorteile der Dualität

Die Legenden Irlands, Islands und Schottlands erzählen, dass die Seehunde in Wirklichkeit Frauen seien, die seit Jahrtausenden von ihrem Pelz geschützt im Wasser leben. Es heißt, sie könnten ihren Pelz auch ablegen und seien dann in der Lage, in ihrem menschlichen Körper auf dem festen Land umherzuwandern. Diese besonderen Frauen werden als Selkies bezeichnet und sind Sinnbild für das tiefgründige und wilde Wesen der Weiblichkeit. Da dieser Aspekt des Weiblichen in patriarchalen Gesellschaften unterdrückt wird, versuchen die Selkies, sich an Land den gesellschaftlichen Vorstellungen des Weiblichen anzupassen, doch der atavistische und unzähmbare animalische Teil ihres Wesens zieht sie immer wieder zurück ins Meer. Ihr alter Pelz will wieder getragen werden, und ihre Familie im Meer ruft sie zu sich. Wenn sie jedoch erneut das Bedürfnis verspüren, an Land zurückzukehren und dort als Frauen zu leben, streifen sie ihre magische Hülle einfach wieder ab. Interessanterweise werden Seehunde bis heute ausgerechnet wegen ihres Fells gejagt. Diese unglaublichen Tiere können sowohl im Wasser als auch an Land leben. Sie haben sich an beide Lebensräume angepasst, die ihnen jeweils auf unterschiedliche Weise nützen. Die Seehunde zeigen uns, wie wir die Dualität unserer Existenz leben können. Wir müssen dafür Verhaltensweisen und Eigenschaften entwickeln, die es uns ermöglichen, sowohl unsere innere wie auch unsere äußere Welt voll auszukosten. Die Seehunde laden uns ein, die in uns liegenden tiefen Meeresgründe ebenso zu erforschen wie die Höhen unseres Bewusstseins. Wenn wir in diesen beiden Gefilden zu Hause sind, stärken wir unsere Gesundheit und unser Wohlergehen.

> Wir alle vereinen in uns zwei Wesen: eines an der Oberfläche und eines in den Tiefen unserer Seele. Wenn wir gesund sein wollen, müssen wir beide leben und erfahren.

ZUM NACHDENKEN

- Was erfährst du, wenn du auf den Meeresgrund deiner Seele tauchst?
- Und was, wenn du auf den sonnengewärmten Höhen deines Selbst umherstreifst?
- Wie erlebst du die Dualität, die jedem Aspekt des Lebens innewohnt?

DER FLAMINGO

Elegante Balance

Der wissenschaftliche Name des Flamingos lautet »Phoenicopterus« und bedeutet »der Rotgeflügelte«. Seine einzigartige Färbung verzaubert jeden, der den Weg dieses fantastischen Wasservogels kreuzt. Das leuchtende Rosé seines Gefieders erinnert uns an bedingungslose Liebe und eine vollständige Öffnung des Herzens – also sowohl an die Mutterliebe als auch an die romantische Liebe, deren zärtliche Umarmung alles zu heilen vermögen. Mit seinem glänzenden sattrosa Gefieder zeigt der Flamingo, dass er gesund, vital und fruchtbar ist. Allerdings gibt es auch Flamingos mit rotem oder weißem Gefieder – die jeweilige Farbe ist von der Ernährung abhängig. Flamingos leben in Kolonien. Sie sind von schlanker, majestätischer Gestalt, unermüdliche Flieger, langlebig, freundlich und begnadete Tänzer. Sie können auch ausgezeichnet Balance halten und schlafen oder ruhen, auf einem Bein stehend. Ihren langen Hals stecken sie oft vollständig in das salzige Wasser der Seen, die sie auf ihren Reisen immer wieder als Zwischenstation nutzen. Der Flamingo ist ein Sinnbild dafür, das Gleichgewicht zu halten, seine Mitte zu finden, verwurzelt zu sein. Gleichzeitig steht er für die Reinheit der Liebe, die von innen aus uns herausströmt und es uns erlaubt, in Einfachheit, Schönheit und Gemeinschaft zu leben. Seine rosa Färbung symbolisiert die Kraft des Herzens, dem die Freiheit geschenkt ist, sich hinzugeben. Diese Kraft erlaubt es uns, die Flügel auszubreiten und in einem Seelenflug Freiheit und Freude zu erleben. Der Flamingo fordert uns zu einem nie endenden, anmutigen Tanz zwischen den Extremen auf. Diese Ausgewogenheit schenkt uns das tief empfundene Gefühl, dass alles seine Richtigkeit und Ordnung hat.

Lerne, mit Anmut und Balance zu tanzen, finde deine Mitte, stabilisiere und verwurzele dich. Ströme reine Liebe aus – sie wird dir Flügel verleihen.

ZUM NACHDENKEN

- Bist du eine ausgeglichene Person? Oder liebst du die Extreme?
- Wie fühlst du dich, wenn du im Gleichgewicht bist?
- Fühlt es sich an, als würdest du fliegen, wenn du die Liebe aus deinem Inneren strömen lässt?

GESCHÖPFE DER FANTASIE

Die Geschöpfe der Fantasie erinnern uns daran, dass wir aus Magie gemacht sind, dass allein schon unsere Existenz ein unerklärliches Wunder ist und dass wir dem Unsichtbaren, dem Unbeweisbaren und logisch nicht Erklärbaren Raum geben müssen. Die Fantasiewesen nähren die Vorstellungskraft des inneren Kindes, das jeder von uns in sich trägt, und bringen uns Freude und Leichtigkeit. Sie erweitern unsere Grenzen und verschaffen uns Zugang zur Welt der Träume, Feen und Zauberer, aus der sie stammen. Sie bringen das Leuchten in unsere Augen zurück, das wir aus Kindertagen kennen.

DAS EINHORN

Spirituelle Reinheit

Einhörner leben in hohen geistigen Dimensionen. Die mythischen Wesen wurden im Laufe der Jahrhunderte zum Sinnbild für Reinheit, spirituelle Erhebung, Unsterblichkeit und Wahrheit. Sie gelten als zauber- und heilkräftige Träger starker und reiner Liebesschwingungen und werden als weiße Pferde mit einem spiralförmig gedrehten Horn mitten auf der Stirn und regenbogenfarbigem Schweif dargestellt. Ihre Magie wird mit der Wandlungskraft des weißen Lichts in Verbindung gebracht, das sich in alle Farben des Regenbogens aufspalten kann. Im Mittelalter hielt man ihr Horn für ein Allheilmittel gegen sämtliche Gifte, was dazu führte, dass die Wikinger mit Narwalhörnern eine Menge Geld verdienen konnten, indem sie behaupteten, diese stammten von Einhörnern. Das Einhorn fordert uns dazu auf, unsere Heiligkeit, unsere spirituelle Reinheit und die leuchtende Wahrheit in uns zu ehren, die keine menschliche Erfahrung – wie schrecklich sie auch sei – auszulöschen vermag. Es zeigt uns, dass wir mehrdimensional sind und auf unterschiedlichen Bewusstseinsebenen schwingen. Dabei lädt es uns ein, zur spirituellen Bewusstseinsebene emporzusteigen. Einhörner begegnen uns in der romantischen Literatur des Mittelalters und weiteren literarischen Werken ebenso wie auf Renaissance-Gemälden, und sogar in der Bibel und in der »Naturalis historia« von Plinius dem Älteren finden sie Erwähnung. Heute erfreuen sich Einhörner wieder großer Beliebtheit und gehören zu den gängigen Symbolen der westlichen Popkultur.

Du bist reines Licht und trägst alle Farben in dir, die durch die Materie erfahrbar werden. Halte deine spirituelle Reinheit in Ehren.

ZUM NACHDENKEN

- Durchstreifen Einhörner deine Fantasie? Was bedeuten sie für dich?
- Spürst du, dass die Reinheit deines Geistes durch nichts getrübt werden kann?
- Wendest du bestimmte Praktiken oder Techniken an, um deine Schwingungen zu erhöhen?

DER DRACHE
Hüter des Schatzes

Der Drache ist dämonisch und engelhaft zugleich. Er ist der uralte Hüter des Schatzes, der nur von den größten unter den Helden erobert werden kann, indem sie den Drachen besiegen. Alt wie die Welt, weise und rücksichtslos zugleich, beherrscht dieses Wesen die vier Elemente und verfügt über deren Kräfte. Der feuerspeiende Drache lebt in den Lüften, in tiefen Gewässern und heimlichen Erdstrichen. Er ist der Hüter der Seelengaben und gleichzeitig Sinnbild ihrer dunkelsten und undurchdringlichsten Aspekte. Ihn zu berühren ist gleichbedeutend damit, eine neue Ebene des Wissens und des Bewusstseins zu beschreiten. Wer einem Drachen begegnet, wird danach

Wenn du den Schatz erobern willst, musst du mit Beherztheit, List und Wagemut den Drachen besiegen.

nicht mehr derselbe sein, denn diese Begegnung vermag es, die inneren Räume eines Menschen auszuweiten. Der Drache lehrt uns, dass die Dinge, die für uns wirklich wertvoll sind, wie ein Schatz erobert, verdient und erreicht werden müssen. Er fordert uns auf, uns nicht von Hindernissen abschrecken zu lassen, die zwischen uns und dem Schatz stehen, denn nur wenn wir uns selbst auf die Probe stellen, werden wir wissen, ob wir dieses Ziel wirklich erreichen wollen oder es bloß aus einer Laune heraus anstreben, für die es sich nicht zu kämpfen lohnt. In den östlichen Ländern, vor allem in China und Japan, gilt der Drache als göttliches Wesen, das Glück, Erfolg und Wachstum mit sich bringt und die Kräfte der Natur und die kaiserliche Macht symbolisiert.

ZUM NACHDENKEN

- Bist du kühn, mutig und listig, wenn du etwas erobern willst, an dem dir wirklich etwas liegt?
- Fühlst du dich als Drache, als Held oder als Schatz?
- Welchen wichtigen Schatz willst du auf deinem Weg erobern? Und welchen willst du beschützen?
- Welche Schätze liegen in dir verborgen?

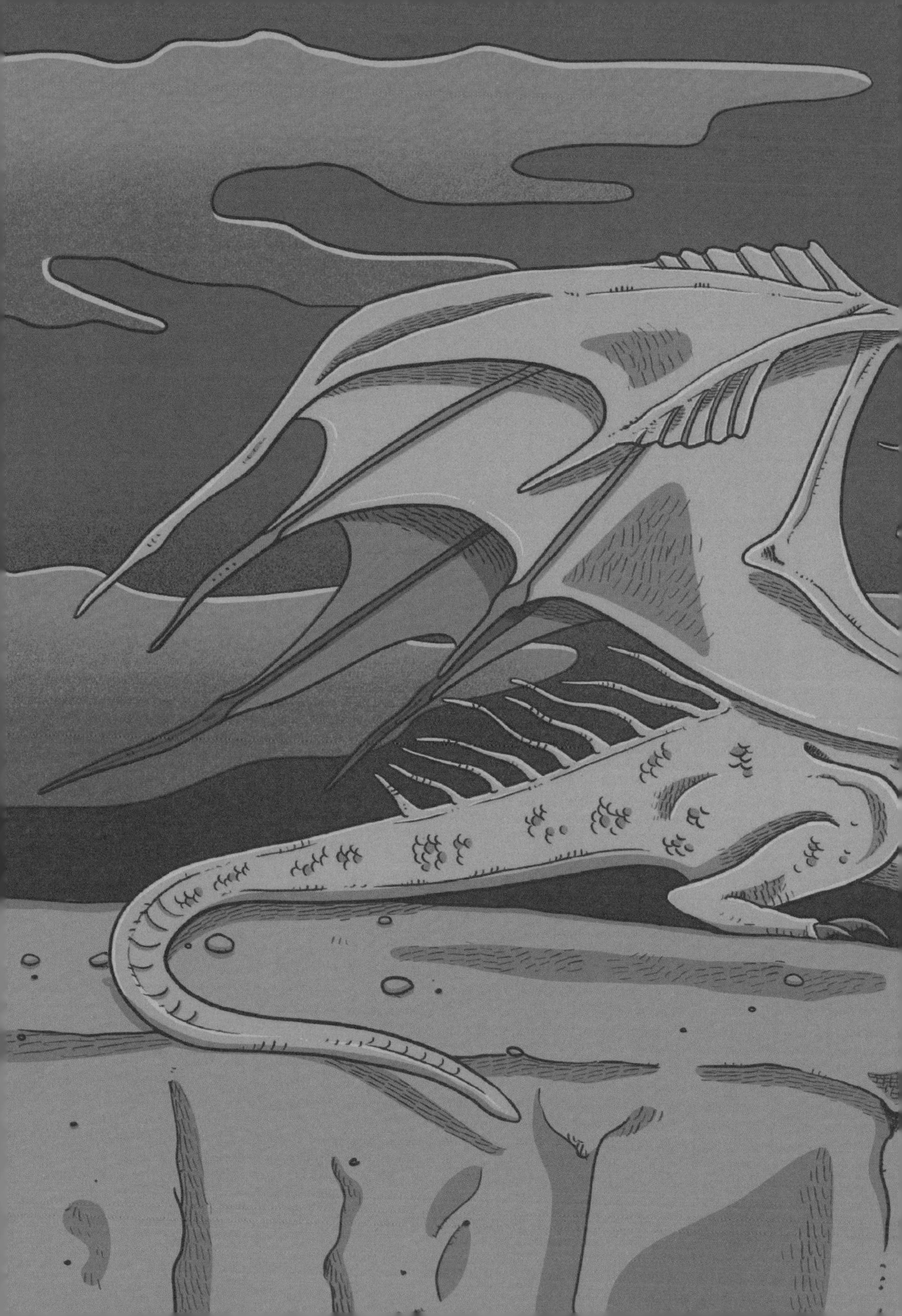

DER PHÖNIX
Neugeburt aus der Asche

Der Phönix ist der geheimnisvollste aller Vögel und gilt in allen Mythen der Erde als Symbol für Auferstehung, Wiedergeburt und Transformation. Er symbolisiert diese Entwicklungsaspekte, sowohl im physischen als auch im symbolischen Sinn. Der feuerrote Phönix wird aus der eigenen Asche wiedergeboren – in manchen Überlieferungen im Ei, in anderen in seiner erwachsenen Gestalt. Er symbolisiert die Unsterblichkeit des Geistes und erinnert uns daran, dass wir nur neu geboren werden können, wenn die Teile in uns sterben, die eine geistige Wiedergeburt unmöglich machen. Das heißt, dass wir wiederkehrende Gedankenmuster und Verhaltensweisen verbrennen müssen, wenn sie uns am Wachstum hindern. Dafür müssen wir die Wege verlassen, die uns nicht weiterführen, zerstören, was uns zurückhält, und die Opferrolle aufgeben. Wiedergeburt bedeutet zunächst immer Tod. Wenn wir das nicht akzeptieren, wird der Tod schmerzhaft sein. Wenn wir diese Wahrheit jedoch annehmen, werden wir mit Sicherheit wiedergeboren werden und uns weiterentwickeln. Der Phönix mahnt uns, diese Wahrheit zu verinnerlichen, damit wir uns in jedem Moment des Schmerzes und des Leids an ihnen festhalten können. Erinnere dich an die Kraft des Phönix, wenn du schwierige Momente durchlebst, bis du diese überwunden hast und im Licht deines neuen Ichs erstrahlst, das dich auf der anderen Seite bereits erwartet.

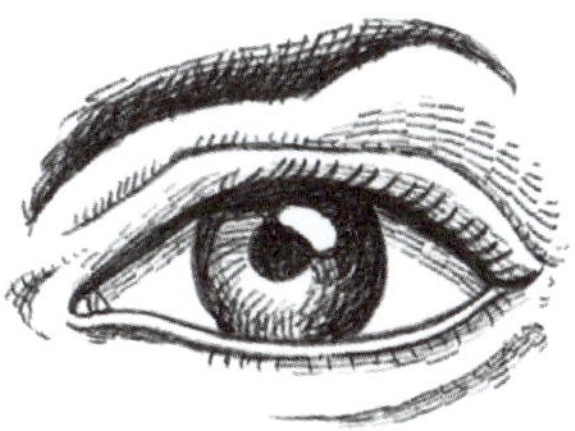

> Wenn alles, was du warst, verbrannt ist, kann aus der verbleibenden Asche eine dir noch unbekannte Version deiner selbst auferstehen.

ZUM NACHDENKEN

- Wie oft bist du in diesem Leben schon gestorben und wieder auferstanden?
- Was bedeutet der Phönix für dich?
- Was musst du verbrennen, um dich weiterentwickeln zu können?
- In welcher Form willst du neu entstehen?
- Willst du dich zu neuen Versionen deiner selbst weiterentwickeln?

Wie du gesehen hast, sind die Lehren der Krafttiere zum Teil widersprüchlich. Doch schließen sie einander nicht aus, denn jedes Tier spricht in einem bestimmten Moment zu uns. Die Lehre, die uns zu einem Zeitpunkt weiterhilft, mag zu einem anderen belanglos scheinen. Deswegen begleiten uns manche Tiere auch nur in bestimmten Lebensphasen und verabschieden sich, wenn wir unser Ziel erreicht haben, sodass uns andere Tiere, die wir von dort an brauchen, weiterführen können. Es liegt an dir zu erkennen, wessen Begleitung du erbitten willst, und dafür ist es wichtig, dass du dir im Klaren darüber bist, welche Bedürfnisse du gerade hast. Was brauchst du zu diesem Zeitpunkt? Worauf musst du zurückgreifen? Welche Medizin benötigst du von welchem Tier? Sie werden zu dir kommen, dir in deinen Träumen erscheinen, vor dir die Straße überqueren oder in deinen Gedanken auftauchen. Sie werden sich zeigen, wenn du dich in deinen Visualisierungen, auf deinen schamanischen Reisen oder auf andere Arten mit deinem Inneren verbindest. Wenn es dir gelingt, ihnen ein Gesicht zu geben und ihre Stimme zu hören, wird die gemeinsame Reise eine bewusste und interessante Erfahrung. Von welchem Tier fühlst du dich begleitet? Tatsächlich führen uns in jedem Moment immer wieder andere Mitglieder unseres spirituellen Stammes, doch der Häuptling weicht uns vom Moment unserer Geburt bis zu unserem Tod nicht von der Seite. Für gewöhnlich wissen wir, um wen es sich dabei handelt, denn sein Wesen spiegelt sich in unserem wider. Wenn wir versuchen, uns in den hier aufgeführten Tieren – und in all denen, die unsere Seele bewohnen – wiederzufinden, werden wir uns selbst auf unterhaltsame und tiefgründige Art und Weise besser kennenlernen. Ich hoffe, dieses Buch hilft dir dabei, deine persönlichen Krafttiere zu erkennen. Danke für deine Zeit und deine Hingabe.

NOTIZEN

BIOGRAFIEN

KIKOSMICA (FEDERICA ZIZZARI)

Kikosmica ist eine Seelenheilerin und Alchemistin des Herzens. Sie bietet als zertifizierter Coach ganzheitliche Lebensberatungen, Familienaufstellungen sowie individuelle Coachings und Gruppenkurse für inneres Wachstum an. Außerdem ist sie spirituelle Channelerin, Leserin der Akasha-Chroniken und Soul Coach. Ihr Anliegen ist es, jeden, der es sich wünscht, ins Zentrum seines eigenen Lebens zu führen und seine Wunden in Ressourcen umzuwandeln. Darüber hinaus hat die spirituelle Künstlerin das Kartenset »Carte divinatorie degli Alberi Sacri« (Orakelkarten der Heiligen Bäume) illustriert und ist Autorin des Buches »Messaggi Angelici« (Engelsbotschaften). Im Dienst der Liebe und des Lebens weitet sie ihre spirituellen und künstlerischen Forschungen kontinuierlich aus.

GIADA UNGREDDA

Die italienische Illustratorin und Grafikerin liebt Fantasyromane und Steampunk. Sie hat schon immer ihre eigenen Fantasiewelten erschaffen und zeichnet, seit sie denken kann. In ihrer Freizeit schreibt sie Geschichten und illustriert sie mit Aquarell-, Buntstift- und Federzeichnungen. Seit 2020 fertigt sie botanische Lehrtafeln für Bildungsprojekte an.